i y i k i

MW01711305

TİMAŞ YAYINLARI
İSTANBUL 2023

GENÇ TİMAŞ

Gençlik Kitaplığı
Gümüş Romanlar | 28

Editör | Merve Okçu
Çeviri | Esma Fethiye Güçlü
Kapak Tasarım | Nick Stearn
İllüstrasyon | Carolina Rabei
Kapak Uygulama | Erdi Demir
İç Tasarım | Nur Kayaalp

1. Baskı | Ekim 2018
46.Baskı | Aralık 2023
Raf | 10+ Roman Öykü
Yayın No | 6010

Uluslararası Seri No
ISBN: 978-625-98927-6-4

TİMAŞ YAYINLARI
Adres | Bahçelievler Mahallesi Zübeyde Hanım Caddesi
No: 8 Üsküdar / İstanbul
Tel | (0212) 511 24 24 **| Sertifika No |** 45587
E-posta | bilgi@genctimas.com

genctimas.com **genc_timas**
genctimas

Baskı ve Cilt | İmak Ofset Basım Yayın
Adres | Akçaburgaz Mh. 137. Sk. No:12
Esenyurt / İstanbul
Tel | (0212) 444 62 18 / **Sertifika No |** 71320

Kiraz Ağacı ile Aramızdaki Mesafe

PAOLA PERETTI

genctimas.com

Paola Peretti

Paola Peretti İtalya'nın Verona kentinde yaşıyor. Edebiyat ve felsefe eğitimi gören Peretti, 2011 yılında yayıncılık, gazetecilik ve yaratıcı yazarlık üzerine çalıştı. On beş yıl önce, gözlerinde görme kaybına sebep olan sonra da tamamen körlükle sonuçlanan, Stargardt genetik hastalığı olduğunu öğrendi. Şu sıralar mülteci çocuklara İtalyanca öğretiyor ve yeni romanı üzerine çalışıyor. *Kiraz Ağacı* ile *Aramızdaki Mesafe* Peretti'nin ilk romanı.

Esma Fethiye Güçlü

İstanbul doğumlu Esma Fethiye Güçlü İngilizce Tarih bölümü, İtalyan Dili ve Edebiyatı, Fransız Dili ve Edebiyatı ve Amerikan Kültürü ve Edebiyatı bölümlerinden mezun oldu. Yüz binlerce okura ulaşan *Kiraz Ağacı ile Aramızdaki Mesafe*'yi İtalyancadan çevirdi.

Genç Timaş'ta Yayımlanmış Diğer Çevirileri

- *Liste, Son Kelime* - Patricia Forde
- *En Yakın Uzak* - Hayley Long
- *Kafası Karışıklar Kulübü* - Juno Dawson
- *Çöpçüler, Anı Hırsızları, Öteorman* - Darren Simpson
- *Ben Cosmo, Kedi Olarak Hayatım* - Carlie Sorosiak
- *Alma ve Yedi Canavar* - Iria G. Parente ve Selene M. Pascual
- *Güneşten Sonra* - Gabriele Clima
- *Yankı Dağı* - Lauren Wolk
- *Yaprakların Haritası* - Yarrow Townsend
- *Filippo, Ben ve Kiraz Ağacı* - Paola Peretti
- *Kardeşimin Koruyucusu* - Julie Lee

Kiraz Ağacı ile Aramızdaki Mesafe

BİRİNCİ BÖLÜM

Yetmiş metre

1

Karanlık

Bütün çocuklar karanlıktan korkar.

Karanlık, içinde insanı yakalayıp sessizce yiyen canavarların olduğu, kapıları ve pencereleri olmayan bir odadır.

Ama ben sadece kendi karanlığımdan, yani gözlerimin içindeki karanlıktan korkuyorum.

Bunu ben uydurmadım. Ben uydurmuş olsaydım annem bana şeftalili ve kremalı çörekler almaz ve onları akşam yemeğinden önce yememe izin vermezdi. Her şey yolunda olsaydı, babam ne zaman arasa kötü haberler veren ev sahibi telefon ettiğinde banyoya saklanmazdı.

"Merak etme," dedi annem akşam yemeğinden kalan bulaşıkları yıkarken. "Odana gidip oyun oyna ve hiçbir şeyi düşünme."

Mutfağın kapısında biraz daha bekleyip düşünce gücümle annemin bana doğru dönmesini sağlamaya çalıştım, ama bu hiçbir zaman işe yaramıyordu. Ben de odama gelip kuyruğunun ucu kıvrık olan, gri ve kahverengi kedim Ottimo Turcaret'e sarıldım. Birinin onu havaya kaldırması, halının üzerinde evirip çevirmesi ya da tuvalet fırçasıyla kovalaması onu rahatsız etmiyor. *O bir kedi*, diyor babam, *ve kediler fırsatçıdır*. Belki de bu, ilgi çekmeyi sevdikleri anlamına geliyordur. Benim için önemli olan tek şey, bir sorunum olduğunda ve sıcak, yumuşak bir şeye dokunmak istediğimde onun etrafta olması. Tıpkı şimdi olduğu gibi.

Bir şeylerin yolunda gitmediğini biliyorum. Dördüncü sınıfta olabilirim ama her şeyin farkındayım. Kuzenimin kız arkadaşı, benim üçüncü bir gözüm olduğunu söylüyor. O Hindistanlı ve alnının ortasına boyanmış bir nokta var. Üçüncü gözümün olduğunu düşünmesi hoşuma gidiyor ama sahip olduğum iki gözün iyi görmesi benim için yeterli olurdu.

Bazen içimden ağlamak geliyor. Şimdi de böyle hissediyorum. Ağlamak üzereyken genellikle gözlüğümün camları buğulanır. Hem kurusunlar hem de burnumdaki kızarıklık gitsin diye onları çıkarıyorum. Birinci sınıftan beri gözlük takarım. Gözümdeki bu pırıltılı sarı renkli gözlüğü geçen yıl aralık ayında almıştık ve onu gerçekten çok seviyorum. Gözlüğümü takıp aynanın karşısına geçiyorum.

Gözlüğüm olmadığı zaman, çok sıcak suyla duş alıyormuşum gibi her şeyi bulanık görüyorum. Gözümdeki sise benzeyen bulanıklığa Stargardt hastalığı deniyor. En azından annemle babam bana böyle söyledi. Onlar da bunu hastanede öğrenmiş olmalı.

Babamın internete bağlanabilen akıllı telefonunda Stargardt'ın yüzyıl önce yaşayan Alman bir göz doktoru olduğu yazıyor. Gözlerimin içinde olanları keşfeden kişi oymuş. Gözlerinde sis olan insanların her şeyin ve herkesin üzerinde siyah lekeler gördüğünü, bu siyah lekelerin zamanla daha da büyüyerek irileştiğini ve insanların iyi görebilmek için eşyalara gitgide daha fazla yaklaştıklarını da keşfetmiş. İnternetin söylediğine göre *bu hastalığa ortalama olarak on bin kişide bir rastlanıyor*. Annem bu insanların Tanrı'nın seçtiği özel insanlar olduğunu düşünüyor ama ben düşününce kendimi pek de şanslı hissetmiyorum.

2

Çok sevdiğim (ama artık yapamadığım) şeyler

Aynadan üç adım uzaklaştığımda kendimi görebiliyorum. Ama bu mesafe gittikçe kısalıyor. Geçen yıl kendimi beş adım uzaktan görebiliyordum. Aynanın karşısında durup Ottimo Turcaret'in başını okşuyorum ve hazır buradayken saçlarımı düzeltiyorum. Şu sıralar saçlarımı örmek annemin çok hoşuna gidiyor. Onların dağınık olmasına dayanamıyor! Bu örgüleri öyle çok seviyor ki uyurken bile onları çözmeme izin vermiyor.

Babam kapıdan başını uzatarak bana pijamalarımı giyip dişlerimi fırçalamamı söyledi. Ona *tamam* dedim ama söylediklerini yapmadan önce her zamanki gibi pencerenin önünde biraz zaman geçiriyorum. Odamın penceresinden siyah gökyüzünün büyük bir kısmı gözüküyor. Bugünkü gibi sonbahar akşamlarında pencerenin önünde durup dışarı bakmak hoşuma gidiyor, çünkü böyle zamanlarda hava çok soğuk olmuyor ve Ay ile

Kutup Yıldızı pırıl pırıl parlıyor. Annem, Ay ve yıldızın İsa peygamberin kandili ve kibriti olduğunu söylüyor ama beni ilgilendiren tek şey onların bütün gece gökyüzünde olup olmadıklarını kontrol etmek.

Babam uyumadan önce odama gelip bana bir hikâye okur. Robin Hood'un hikâyesinin yarısına kadar geldik. Bu hikâyeyi okuyunca geceleri rüyalarıma ormanlar ve oklar giriyor. Sonra genellikle annem gelir ve saçlarımı yanaklarımın yanına getirerek yastığın üzerinde düzelttikten sonra naneli dondurma kokan nefesiyle bana iyi geceler diler.

Ama bu akşam odama birlikte geldiler. İkisi de yatağımın bir tarafına oturdu. Biraz daha az gördüğümü fark ettikleri için önümüzdeki hafta beni doktora götürmeye karar verdiklerini söylediler. Okulu asmak hoşuma gitmiyor çünkü, (piramitlerin inşa edilmesi için ne kadar zaman gerektiği gibi) önemli konuları ve (4-C sınıfındaki Chiara ve Gianluca'nın gerçekten arkadaş olup olmadıkları gibi) dedikoduları kaçırıyorum. Yine de annemle babama bu konuda bir şey söylemedim. Onların odanın ışığını kapatıp dışarı çıkmasını bekledim. Sonra komodinin üzerindeki lambayı yakıp parmaklarımı yatağın başucundaki küçük rafta duran kitapların üzerinde gezdirdim ve kenarı kıvrılmış defteri aldım.

Onu yastığın üzerine koydum. Defterin kapağında bir etiket var. Üzerinde MAFALDA'NIN LİSTESİ yazıyor.

Bu defter benim günlüğüm. İlk sayfasında bir tarih var: *14 Aralık*

Bu, üç yıl ve on bir gün önceki bir zamanı işaret ediyor. Altında şöyle yazıyor:

Çok sevdiğim

(ama artık yapamadığım) şeyler

Çok uzun bir liste değil. Aslında sadece üç sayfa var ve birinci sayfanın başında şöyle yazıyor:

Geceleri gökyüzündeki bütün yıldızları saymak

~~*Bir denizaltını kullanmak*~~

Pencerede ışıkları yakıp söndürerek iyi geceler dilemek

Kırmızı alarm. Yine gözlüğümün camları buğulanıyor.

Büyükannem, pencerelerinde dantel perdeleri olan hemen karşımızdaki kırmızı boyalı evde oturuyordu. Artık orada bize hiç selam vermeyen ve dantel perdeleri değiştiren bir çift yaşıyor. Büyükannem, babamın annesiydi. Tıpkı babam ve benim gibi kıvırcık ama beyaz saçları vardı. Yatmadan önce bana her zaman el fenerini kullanarak iyi geceler dilerdi. Işığı bir kez açıp kapatmak "Ben buradayım ve sana sesleniyorum," demekti. İki kez açıp kapatmak "İyi geceler," ve üç kez açıp kapatmak "Sana da," anlamına gelirdi. Ama bu eskidendi. O zamanlar aynadan dokuz adım uzaklaştığımda kendimi görebiliyordum.

İkinci sayfayı kimseye, hatta Ottimo Turcaret'e bile göstermiyorum çünkü üzerinde yazılanlar gerçekten, ama gerçekten çok gizli. Aslında onları şifreli yazıyorum.

Üçüncü sayfada şunlar yazıyor:

Erkeklerle futbol oynamak

Aşağıdaki lavların içine düşüp ölmemek için kaldırımda dengemi kaybetmeden yürüme oyunu oynamak

Buruşturulup top yapılmış kâğıtlarla basket oynamak

Okuldaki kiraz ağacına tırmanmak

İlkokula başladığım ilk günden beri okuldaki kiraz ağacına birçok kez tırmandım. O benim ağacım. Hiçbir çocuk benim kadar yükseğe tırmanamaz. Küçükken onun gövdesini okşar, ona sarılırdım... O benim arkadaşımdı.

Ottimo Turcaret'i de okuldaki kiraz ağacının üzerinde buldum. Çok korkmuştu. Tıpkı şimdi olduğu gibi gri ve kahverengiydi ama daha çirkindi. O kadar küçüktü ki onu eve önlüğümün cebinde getirebilmiştim. Ve annemle babam yanımda minicik bir kedi olduğunu ancak onu cebimden çıkarıp mutfak masasının üzerine koyduğumda fark etmişti. O zamanlar adı Ottimo Turcaret değildi. Bir adı yoktu. Bir süre sonra bizimle yaşamaya ve gittiğim her yere, hatta okula bile arkamdan gelmeye başladı. Babam o günlerde bana en sevdiği kitabı, *Ağaca Tüneyen Baron*'u hediye etmişti ve geceleri uyumadan önce bana o kitabı okuyordu. Cosimo'yla böyle tanıştım. O, yaşça benden biraz daha büyük bir çocuktu. İnsanların peruk taktığı, sıkıcı ödevler yapmak ve mide bulandırıcı yemekler yemek zorunda olduğu bir dönemde yaşamıştı. Köpeğinin iki ismi vardı. Cosimo'nun yanındayken adı Ottimo Massimo'ydu ama gerçek sahibi olan Viola'yla beraberken adı Ottimo Turcaret'ti. Bizimkisi bir kedi olsa da tam da Ottimo Turcaret gibi bir yüzü vardı ve bu yüzden biz de ona Ottimo Turcaret demeye karar verdik.

Kitaptaki en sevdiğim karakter Cosimo. Özgür olmak için bir ağaçta yaşamaya başlaması ve bir daha oradan hiç inmemesi çok hoşuma gidiyor. Ben onun kadar cesur olamazdım. Bir keresinde tuvalet kâğıdı kullanarak kiraz ağacının dalları arasında küçük bir ev inşa etmeye çalışmıştım ama yağmur yağmaya başlayınca evin duvarları erimişti. Ağaçta yapmayı en çok sevdiğim şey, yanıma bir çizgi roman alarak ortadan ikiye ayrılıp iki tarafa doğru uzayan bir dalın üzerine oturarak onu okumaktı. O zamanlar gözlerim daha iyi görüyordu.

Birinci sınıftan beri her yıl gözlerimi yakan bir damla kullanarak bana bazı testler yapıyorlar. Doktorlarım bu testlere *rutin kontroller* diyor. Ama gelecek hafta uzman doktorlara yapacağımız ziyaretin biraz farklı olacağını biliyorum çünkü gözlerimin içindeki zayıf ışık hızla sönüyor. Ama çok hem de çok hızlı bir şekilde. Bunu bana göz doktorum söyledi. O, Doktor Stargardt gibi Alman değil ve hiçbir şey keşfetmedi ama bana her zaman tepesinde küçük, renkli silgiler olan kurşun kalemler hediye ediyor. Söylediğine göre bazılarının gözündeki ışık yaşlandıklarında bazılarınınki ise daha erken sönüyormuş. Benim ışığım ben küçükken tamamen sönecekmiş.

Karanlıkta kalacağımı söyledi.

Ama şimdi bunu düşünmek istemiyorum. Şimdi sadece ormanı ve Robin Hood'un oklarını düşünmek istiyorum.

Bu yüzden günlüğümü kapatıp ışığı söndürüyorum.

Cosimo, bana yardım edecek misin?

Senin her şeyi yapmaya gücün var ve sen iyi birisin. Bunu biliyorum, çünkü kitapta bir sürü belaya karıştığı halde bir hayduda hikâyeler okumuştun. Üstelik ölüme mahkûm edildiği güne kadar parmaklıkların arasından ona bu hikâyeleri okumaya devam ettin. Peki ya ben? Bana kim okuyacak? Karanlıkta kaldığımda ve annemle babam işteyken bana kim hikâye okuyacak?

Benim gibi ağaçların dostu olan sen bile bana yardım etmezsen bir daha seninle konuşmam. Hatta daha da kötüsü, seni bir daha aklıma bile getirmem. Bana yardım etmenin bir yolunu bulmalısın. Gizli de olabilir, bana söylemek zorunda değilsin; sadece bir yolunu bulman yeterli. Yoksa düşünce gücümle üzerinde durduğun dalları yok ederim ve sen de içinde timsahların bulunduğu lavların arasına, hatta yere düşersin. Ve bu da senin için çok daha kötü olur çünkü bir daha ağaçlardan hiç inmemeye yemin etmiştin.

Estella, hiçbir şeye ihtiyacımız olmadığını, her zaman kendi başımızın çaresine bakabileceğimizi söylüyor. Ama biliyor musun, ben biraz yardımın işime yarayacağını düşünüyorum.

Cosimo, bana söz verir misin? Bana yardım edecek misin?

3

Amazon Oyunu

Liste yapma fikrini bana üç yıl on bir gün önce okulumuzda temizlik görevlisi olan Estella vermişti. O zamanlar Romanya'dan yeni gelmişti.

Okulun bahçesindeki kiraz ağacına çıkmıştım. Zil çalıyordu ama ben aşağı inemiyordum.

"Sen aşağı inemiyor, değil mi?"

Gözlerimi kısıp sarı yapraklarla dolu bir dalı elimle kenara çekerek aşağı baktım. Okulda daha önce hiç görmediğim bir temizlik görevlisi kollarını kavuşturmuş, ağacın yanında duruyordu. Uzun boyluydu. Koyu renkli saçları vardı. Ve ne renk olduklarını tam olarak göremesem de bana kocaman ve simsiyah gibi gözüken gözleri beni korkutmuştu.

"Haji, sana yardım edeyim. Songa sınıfa gidersin."

Yabancı olduğu belliydi. Hiç kıpırdamadan ağacın üzerinde duruyordum. Düşmekten çok korkuyordum.

"Ayağını buraya koy." Korkunç gözlü temizlik görevlisi, bana biraz aşağıda, ağacın gövdesinden dışarı çıkmış bir dal parçasını işaret ediyordu. Üzerinde oturduğum dala sıkıca tutunmuştum. Bir ayağımı uzatmaya çalıştım ama o sırada kaydım ve ağacın kabuğu ağırlığımın etkisiyle yerinden sıyrıldı. Hemen az önceki yerime geri döndüm.

"İnemem."

"Bütün hayat boyunca oğada mı kalacaksın?"

"Evet."

"O zaman hojça kal." Temizlik görevlisi okula doğru adım attığı sırada ayaklarının altında bir çıtırtı duyuldu ve yere eğilip yaprakların arasındaki kırmızı gözlüğü aldı.

"Peki bu ne? Bu senin mi?"

"O benim gözlüğüm. Buraya tırmanırken düştü. Ve şimdi de aşağı inemiyorum!"

"Ağlama. Ağlamaya hiç gerek yok." Simsiyah gözleri olan kadın yeniden üzerinde oturduğum dalın altına geldi. "Biliyoğsun, ben de Romanya'dayken hep ağaca çıkardım. Yukarıda, yüksekte oynamayı severdim."

Burnumu çekip ona nasıl oyunlar oynadığını sordum.

"Şey... Oyunu oynuyordum... Nasıl deniyor... Amazon. Amazon'un ne olduğunu biliyor musun?"

"Hayır. O ne?"

"Bir erkek gibi ata binen kadın savaşçı. O ağaçtan aşağı inmekten korkmas."

"Demek ki, onun bir gözlüğe ihtiyacı yokmuş."

"Hayır. O çok güçlü biri. Hiçbir şeyden korkmas. Mızrağını taşımak için göğsünün bir parçasını kesmiş."

"Göğsünün bir parçasını mı kesmiş?"

"Evet, benim büyükannemin büyük büyük annesi Amazon ailesinden geliyor. Çok zaman önce."

"Bu doğru değil."

"Evet, doğru."

Simsiyah gözleriyle beni korkutan kadın gömleğinin kollarını hızlıca kıvırdı ve ağaca tırmanmaya başladı. Üzerinde oturduğum dala sıkıca tutunuyordum. Benim durduğum yere kadar çıkıp bir ata biner gibi yanıma oturdu.

"Gördün mü? Amazon."

"Peki ama şimdi aşağı nasıl ineceğiz?"

Gömleğinin cebinden gözlüğümü çıkarıp bana verdi. Onu hemen taktım. Toprak yüzünden kirlenmişti ve biraz da yamulmuştu ama artık daha iyi görüyordum.

"Şimdi beni takip et," dedi iri gözlü temizlik görevlisi. Yakından canlı pembe renkli rujunu da görebiliyordum. Ağaca tırmandığı gibi hızlı bir şekilde aşağı inmeye başladı.

"Bekle!"

"Ne var?"

"Aşağı inmek istemiyorum."

"Peki ama neden? Aşağı gel de ben de işimin başına döneyim!"

Ona zaman kaybettirdiğim için üzülmüştüm. Yukarı çıkıp bana gözlüğümü vererek iyilik yapmıştı ama aşağı inmek istemiyordum, çünkü önceki gün Doktor Olga bana gözlerimde bir sorun olduğunu söylemişti ve korkuyordum.

Orada kalmayı tercih ediyordum. Böylece başıma hiçbir şey gelmeyecekti.

Bunu ona da söyledim. Çok iyi görmediğimi ve durumun daha da kötüleşeceğini anlattım. Bir daha ağaca tırmanamamaktan korktuğumu söyledim. İri gözlerini siyah göz kalemiyle boyamıştı.

"Artık yapamadığın şeyler için bir liste yap. Böylece hiçbir şeyi unutmadığından emin olursun."

"Liste mi?"

"Evet. Liste. Ben de yıllar önce bir liste yapmıştım."

"Sen de mi az görüyordun?"

"Hayır."

"O halde neyin vardı?"

Kadın oflayarak ağaçtan inmeye devam etti. "Şu an olduğundan daha az sorunum vardı. Beni uğraştırıyorsun."

Oturduğum yerden kalkarak yavaşça onu takip ettim. Söylediği şey yüzünden kendimi biraz kötü hissetmiştim ama aynı zamanda meraklanmıştım.

"Peki senin listende ne yazıyordu?"

"Aşağı in, sana göstereyim. Adın ne?"

"Mafalda. Seninki?"

"Estella."

Estella, kiraz ağacının en alçak dalına gelince aşağı atladı ve bana doğru döndü. Ben de biraz daha aşağıdaki bir dala inip atlayınca beni havada yakalayıp yere indirdi. Sonra da okulun kapısına doğru yürümeye başladı. Ama bunu yapmadan önce elini havaya kaldırıp bana seslendi. "Estella yalan söylemez. Sadece doğruyu söyler. Şimdi gidip Estella'nın listesini görelim."

Artık okulda her gün Estella'yı görüyorum.

Saat sekize on kala okula geldiğimde onu kapıda beni beklerken buluyorum. Bana gizlice sesleniyor. Aslında pek de gizli sayılmaz çünkü onu herkes duyuyor. Parmaklarını ağzına götürerek sadece kendisinin nasıl yapıldığını bildiği ve kulakları sağır edecek kadar güçlü bir ıslık çalıyor. Sesini çok uzaktan duyup yanına gidiyorum.

Ama önce durup kiraz ağacını selamlıyorum. Babamla birlikte her gün geçtiğimiz sokaktan bakınca onu uzaktan (ama sadece biraz uzaktan) görebiliyorum. Aslında karşımda gördüğüm şey renkli bir leke ama ben onun ağaç olduğunu, yani hayallerimdeki gibi iyi yürekli bir devin saçları olduğunu biliyorum. Büyükannem ağaçların içinde hep bir devin yaşadığını, bu devin ağacın ruhu olduğunu ve ağacın gövdesi kesildiğinde onun başka bir ağaca taşındığını söylerdi. Büyükannemin bahçesinde de bir kiraz ağacı vardı. Küçükken o ağaca tırmanırdım ve olgunlaşmış kirazları toplarken ona yardım ederdim. O zamanlar gözlüğe de ihtiyacım yoktu.

Ağaçtaki kirazlarla hemen tatlı yapardık. Ve bir de kış için reçel hazırlardık. Ama sonra büyükannemin kiraz ağacını kesmek zorunda kaldık, çünkü ağaç bitleri yüzünden hastalandı. Bence sadece yapraklarını kesmek yeterli olurdu çünkü biz okulda bitlenince saçlarımızı kesiyorlar, bizi öldürmüyorlar.

Ağacın gövdesi kesilince, içindeki devin okuldaki kiraz ağacında yaşamaya başladığına ve büyükannemi de yanında götürdüğüne karar verdim.

Ağacımı görebildiğim noktayla onun bulunduğu yer arasındaki mesafenin kaç adım olduğunu saymak eğlenceli olabilir. Böylece büyükanneme ne kadar yakın olduğumu da bilebilirim. Gözlerimi iyice kıstım. Tamam, işte orada! Palyaçoların peruklarına benzeyen kırmızı, sarı ve turuncu bir leke. Bulanık gözüküyor, ama orada. Yanında da mavi bir bulut gibi gözüken okul var. Hemen saymaya başladım: Bir, iki, üç...

"Hadi, Mafalda, böyle yürürsen geç kalacağız." Babam elimden tutup beni hafifçe çekti.

"Baba, benim bir adımımın uzunluğu ne kadardır?"

"Hmm, bilmem ki... Aşağı yukarı, yarım metre kadardır çünkü yaşına göre boyun oldukça uzun."

Saymaya devam ettim. Otuz adım saydıktan sonra Estella'nın ıslığını duydum. Otuz beş, otuz altı... Kırk, elli, yüz... Okulun kapısına geldik. Estella yanımıza gelip babamı selamladı ve beni içeri aldı. Ağacın yanından geçerken yerden bir yaprak aldım. Nemliydi. Önü sarı, arkası kahverengiydi. Kusursuz bir şekli vardı ve toprak kokuyordu. Tıpkı büyükannemin yanında bahçıvanlık yaptığım günlerde olduğu gibi. Onu cebime koydum.

Kiraz ağacını görebildiğim noktadan onun yanına gelene kadar yüz kırk adım atmıştım.

Yani, yetmiş metre.

İKİNCİ BÖLÜM

Altmış metre

4

Gözün ortasındaki kısım

Bence listemin en önemli sayfası ikinci sayfa. Üzerinde yazılanlar çok ama çok gizli olduğu için onu diğer iki sayfanın arasına sakladım. Böylece, biri günlüğümü çalıp birinci sayfayı okuyacak olursa defterde pek de özel bir şey olmadığını düşünecek.

Aslında birinci ve üçüncü sayfalar da çok önemli ama en önemlisi ikinci sayfa, çünkü oraya hiç kimseye asla söylemeyeceğim şeyleri yazdım. Aklıma böyle bir hile geldi çünkü *Şerlokolms* de bir şeyleri gizlemek için sıklıkla bu tür hilelere başvuruyor.

Birazdan Doktor Olga'yı ziyaret etmek zorundayım. Annemin makyajını bitirmesini beklerken balkonda Ottimo Turcaret'i okşuyormuş gibi yapıyorum. Aslında, gizlice listemin ikinci sayfasına bakıyorum. Estella bunu yapmamamı söyledi. Buraya yazdığım şeyler, ya aklımdan tamamen çıkardığım ya da hiç unutmamaya karar verdiğim şeyler olmalıymış. Gerçi bunu söylerken ne demek istediğini pek anlamadım. Bu yüzden anladığımdan emin olana kadar ikinci sayfayı okumaya karar verdim.

İçeriden annemin topuklarının yaklaşan sesini duyuyorum. Doktora giderken hep bu ayakkabıları giyiyor. Hızla günlüğümü kapatıp şezlongun altına saklıyorum.

"Hazır mısın? Hadi, gidelim."

Estella'nın söylediklerini daha sonra düşüneceğim. Bana o kadar çok şey söylüyor ki, galiba hepsinin ne anlama geldiğini öğrenemeden karanlıkta kalacağım.

Doktor Olga'nın gözlerinin yeşil olduğunu sanıyorum.

Çalışma masasında oturuyor. Bana dinozor şeklinde silgisi olan bir kurşun kalem hediye etti. "Üzerinde Mısır Piramidi olan bir kalem yok mu?" diye sordum. Yanımda oturan annem beni dirseğiyle dürttü. Babam da burada. İşte giydiği kıyafetinin üzerinde güzel bir ceket var. Yemek molasına çıktı ama testlerimin sonuçları belli olduğu için bugün bizimle birlikte hastaneye geldi. Doktor, belki başka çocuklar da ister diye üzerinde Mısır Piramidi şeklinde silgiler olan kalemler de alacağını söyledi. Sonra birdenbire ciddileşti.

"Ne yazık ki, durum pek iyi değil. Mafalda'nın retinası son aylarda çok küçülmüş ve dokularının artık kaldıramayacağı bir noktaya gelmiş. Sarı nokta..."

"Gözün ortasındaki kısım," diyerek araya girdim. Böylece annemle babam ne demek istediğini anlayabilirlerdi. Bunu okulda öğrenmiştik.

"Aynen öyle. Yaptığımız testlerin sonuçları Mafalda'nın gözündeki sarı noktanın hasar gördüğünü doğruluyor."

Söylediğini pek anlayamadım ama düşündüm de testler yapılırken belki biraz daha çaba sarf edebilirdim. Doktorlar gözüme telleri yerleştirirken hiç kıpırdamadan duramamıştım ve kırmızı nokta testi yapılırken uyuyakalmıştım! Doktora bunu söylemek üzereydim, ama o kadar kısık sesle konuşmaya başladı ki onu duyabilmek için kulağımı iyice açıp ağzının olduğu tarafa doğru dönmem gerekti.

"Hastalığın hızlı ilerlemesi umut verici değil. En iyi ihtimalle..."

"Ne kadar kaldı?" diye sordu babam, daha da kısık bir sesle. Oysa hiçbir zaman böyle konuşmazdı.

"En iyi ihtimalle, altı ay."

Annemle babam oturdukları yerde tıpkı sönen balonlar gibi küçülmüşlerdi. Bense masaya yaklaşarak doktor Olga'ya şu soruyu sordum: "*Neye* altı ay kaldı?"

Doktor ince camlı gözlüğünün arkasından bana baktı. "Artık hiç görmeyeceğin zamanın gelmesine, Mafalda."

"Yani gerçekten karanlıkta mı kalacağım?"

Doktor Olga bir süre sessiz kaldıktan sonra sadece "Üzgünüm," dedi. İşte yine gözlüğümün camları buğulandı.

Bazı haberler insanın yanında sarılabileceği bir kedi varken verilmeli.

5

En iyi arkadaşa sahip olmak

Doktora yaptığımız ziyaretten döndük. Biraz dinlenip hayal kurmak için Ottimo Turcaret'i bir battaniye gibi üzerime aldım.

Hayal kurup dinlenmeye geçen sene, kuzenim Andrea ve Ravina ile birlikteyken başlamıştım. Ravina, bana meditasyon denen bir şey öğretmişti. Üzgün ya da kızgın olduğunda ve hiç uykun olmadığında güzel hayaller kurmanı sağlıyordu. Çok ama çok sessiz olman ve bedeninin içinde olanları düşünmen gerekiyor. İlk başlarda öyle çok olağanüstü bir şey hissetmiyorsun, ama bunu yapmaya alıştıktan bir süre sonra damarlarında ve beyninde akan kanı düşünmek yerine hiçbir şey düşünmemeye başlıyorsun. En azından bana böyle oluyor. Evdeki gürültüler, uzaktan duyulan çan sesleri gibi yüzümü okşayan dalgalara dönüşüyor ve sonra bu sesler ben uykuya dalarken tamamen yok oluyor. İşte tam bu noktada hayaller başlıyor.

Bugün dinlenirken aklıma çok güzel bir hayal geldi.

Okuldaki kiraz ağacına tırmandığımı ve en yukarıdaki dala, tam tepeye kadar çıktığımı hayal ettim. Oradan bütün ülkeyi hatta bütün dünyayı görebiliyorum. Kollarımı açıp uçmaya başlıyorum. Okulun çatısına, hatta daha yükseklere çıkıyorum. Ve en sonunda oradan uçup gidiyorum. Ay'a ve Kutup Yıldızı'na kadar uçuyorum ama diğer yıldızları da çok net görüyorum. Ve sonra kalede duran büyükannemle futbol oynuyorum.

Chiara benimle oynamak için bize geldi. Ama futbol oynamıyoruz. Aslında ben yalnız kalmak istiyordum ama annem yine de onu çağırdı. Altı nokta alfabesiyle okumayı öğreniyorum. Estella'nın bana alıştırma yapmam için verdiği kitap çok güzel ama aynı zamanda biraz tuhaf. Kitabın adı *Küçük Prens*. Estella onu Amazon isimli bir internet sitesinden aldı. Chiara benim anaokulundan beri arkadaşım, bu yüzden sanki orada değilmiş gibi davranamam. Aslında çok uzun bir süredir oyun oynamak için bize gelmiyor ve beni de evine davet etmiyor. En son haziran ayındaki doğum gününde görüşmüştük ve sonra ikimiz de tatile gittik.

O gelince altı nokta alfabesini hemen kenara kaldırdım. Ama beni görmüştü. Ne yaptığımı sordu. "Hiçbir şey," diye cevap verdim. Neden olduğunu bilmiyorum ama beni altı nokta alfabesiyle okurken görmemesini tercih ederim. Kendimi aptal gibi hissediyorum. Restoran oyunu oynamak için onu odama çağırdım çünkü yemek pişirmeyi sevdiğini ve televizyonda sürekli *Master Şef*'i izlediğini biliyorum. Oyuncak tabaklarla ve plastik çatal bıçak takımıyla bir masa kurduk. Sahte bardakları bulamadığım için iki tane gerçek bardağı gerçek suyla doldurduk. Chiara garson ve aşçı rolünü oynuyor.

Ben de müşteri oldum. Menüye bakıyormuş gibi yapıp en zor yemekleri seçtim. Chiara, yemeklerin isimlerini büyük bir keyifle eline yazdıktan sonra hepsini mutfaktaki, yani kapısı açık gardırobumun içindeki aşçıya (yalan yanlış) tekrar etti ve aşçının yerine geçerek yalancıktan yemek pişirmeye koyuldu. Restoran oyunu hoşuma gidiyor, ama çok fazla değil. Bu yüzden aynı oyunu üç kez tekrar ettikten sonra değişiklik olsun diye ona birlikte yemeğe çıkan çift oyununu oynamayı teklif ettim. Bebek bakıcısıyla, yani oyuncak bebeğim Megghi'yle evde kalan Ottimo Turcaret'e hoşça kal diyerek masadaki yerimizi aldık. Sonra birden ikimizin aklına da aynı bir şey geldi (en iyi arkadaşların arasında bazen bu tür şeyler olur). İçeceğimize yeni malzemeler eklemeye karar vererek evde bardaklarımızın içine koyacak iğrenç şeyler aramaya koyulduk. Çiçeklerin vazolarından aldığımız toprağı, tuzu, biberi ekledikten sonra içine babamın parfümünden sıktık. Hatta biraz da sümüklü böceğin salyasına benzeyen yapıştırıcıdan koyduk. Bütün bunları çatalla karıştırdıktan sonra masaya geri döndük.

Sonra Chiara "Hadi, içelim," dedi ve içi sarı şeyle dolu bardağını havaya kaldırarak onu içiyormuş gibi yaptı. Ben de bardağımı almak için elimi uzattım. Onun sol tarafta olduğunu düşünüyordum. O sırada gözlerim karardı ve bardağı almak yerine ona elimle hızla çarparak içeceği Chiara'nın üzerine döktüm. Çığlık atmaya başladı çünkü taytı, hazırladığımız o iğrenç içecekle ıslanmıştı. Karanlık, parlak örümcekler gibi gözüme doluyordu ve hiçbir şey göremiyordum. Sadece yuvarlanan bardağın ve ayaklarımın dibinde kırılan camın sesini duydum. Annem koşarak yanımıza gelip ne olduğunu sordu.

Saat daha dört bile olmamıştı ama Chiara ne olursa olsun eve dönmek istiyordu. Bir kahve içmek için gelen annesinin koridorda onunla konuştuğunu duydum. Sol gözümdeki karanlık leke yavaş yavaş yok olmuştu ama Chiara ve elinde arabanın anahtarlarını tutan annesi artık kapıda duruyordu.

Kafamı koridora doğru uzatarak "Yarın okulda görüşürüz," dedim.

Chiara ise sadece "Hoşça kal," dedi ve gitti.

Annem kapıyı kapattıktan sonra elinde ıslak bir bezle yanıma geldi. "Çikolatalı çörek ister misin?"

Büyükannem bana reçelli çörek yapardı.

Tekrar odama dönüp *Küçük Prens*'i okumaya devam ettim. Aslında sadece numara yapıyordum. Annem mutfağa dönerken yavaşça günlüğümü elime aldım, çok gizli olan ikinci sayfayı açtım ve siyah bir kalemle, *En iyi arkadaşa sahip olmak* yazısının üzerine bir çizgi çektim.

6

O *da gözlük takıyor*

Küçük Prens'i seviyorum ama en sevdiğim karakter, *kesinlikle*, bir baron olan ve ailesine kızdığı için ağaçta yaşayan Cosimo. Bu, babamın en sevdiği kitap çünkü fen lisesine giderken büyükannem ona bu kitabı hediye etmiş. Hatta yazarını tanıdığını ve onunla çok yakın arkadaş olduğunu söylemiş. Galiba onu *seviyormuş*. Ben bunu pek anlamıyorum. Bence insanlar ya birbirleriyle arkadaş olur ya da birbirlerini severler, çünkü ortada iki farklı kelime varsa bu ikisi aynı şey olamaz. Büyükannem arkadaşların, tıpkı haydut ve Cosimo'nun yaptığı gibi, birlikte kitap okuyabileceğini söylemişti. Bu yüzden Cosimo'yla birbirimizi tanıyor olsak beraber bir sürü kitap okuyacağımızdan eminim.

Bugün okul tatil. Annem ve babamla beraber büyükannemin ve tanımadığım bazı akrabaların mezarlarını ziyaret etmeye gideceğiz.

Mezarlığı seviyorum çünkü orada, yerlerde satranç oyunundaki gibi siyah ve beyaz taşlar var ve ben de onların üzerinde atlayarak oyun oynuyorum. Ama geçen yıl yanlışlıkla bir kadına çarptım ve benden bu oyuna bir son vermemi istediler. Bu yüzden artık mezarlıkta canım çok sıkılıyor.

Bugün mezarlığın önündeki meydanda futbol oynayan çocuklar var. Bazıları benimle aynı sınıfa gidiyor. Aralarında yaşça biraz daha büyük olan ve okulda sürekli sorun çıkarıp diğer çocuklarla kavga eden biri daha var. Onu mavi ceketi sayesinde tanıdım. Arkasında ismi yazıyor: Filippo. Bu tür bir cekete sahip olan tek çocuk o. Kim bilir onu nereden satın almıştır.

Chiara da orada. Parkın duvarlarından birinin üzerinde oturuyor. Annemle babamdan, onlar diğer akrabaların mezarlıklarını ziyaret ederken, çocukların yanında kalmak için izin aldım.

"Tamam, ama çok uzaklaşma." Annem her zaman aynı şeyi söylüyor. Nereye gideceğimi sanıyor ki?

Dördüncü sınıftan bir kızla sohbet eden Chiara'nın yanına gittim. Bana merhaba dedikten sonra aralarında konuşmaya devam ettiler. Bunu sorun etmedim çünkü zaten futbol daha çok ilgimi çekiyor. İkinci sınıfta hem erkeklerin hem de kızların oynadığı bir futbol takımında bir yıl oynamıştım. Kaleciydim. Sonra bir gün oynamayı bıraktım çünkü gözlüğüm bana çarpan bir top yüzünden kırıldı. Yine de hâlâ gizlice oynamayı istiyorum.

Çocuklar, takımı kuruyor. Kaç kişi olduklarını sayamıyorum çünkü uzaktan onları seçemiyorum, ama sınıf arkadaşım Marco gitmek zorunda olduğunu söylüyor. Annesiyle babası mezarlıktaki ziyaretlerini bitirmiş. Uzaktan da olsa insanların konuşmalarını ve diğer sesleri duyabiliyorum. Yakınlardan bir ambulans geçecek olsa sesini herkesten önce ben duyuyorum. Bu, okulda, evde ve diğer her yerde böyle oluyor. Doktor Olga, iyi göremediğim için artık daha iyi duyabildiğimi söylüyor. Ama ben böyle düşününce bile kendimi pek şanslı hissetmiyorum.

Eğer Marco eve gidecekse takımda ben oynayabilirdim. Çocukların yanına gidip onun yerini alıp alamayacağımı sordum.

Filippo gözlüğünün üzerinden bana baktı. O da gözlük takıyor. Çerçevelerinin rengi şeffaf olduğu için daha önce bunu fark etmemiştim.

"Olmaz. Sen kızsın. Oynayamazsın."

"Bu doğru değil. Ben bir yıl kalecilik yaptım. Ona sor."

Bizim sınıftaki başka bir çocuğu, Kevin'ı işaret ettim. Diğerleri ona baktı. "Evet, doğru, benimle beraber takımdaydı. Ama... Bilmiyorum..."

Galiba hata yapacağımı ve gol yiyeceğimi düşünüyordu.

"Havadaki topları bile yakalayabiliyorum," dedim Filippo'ya. "Beni kaleci yapın."

Şüpheyle bana baktı. Diğer çocuklar hiçbir şey söylemiyordu. Sadece bir tanesi kız olduğum için itiraz etti.

Filippo çocuğu iterek "Eğer oynamak istemiyorsan eve git," dedi. İtiraz eden çocuk kızmıştı ama yine de oyundan ayrılmadı. Takımdakiler ne yapacaklarını düşünürken ben de kaleye doğru yürüdüm. Kale, arabaların park ettiği yerde iki tarafa üst üste yığılmış ceketlerle işaretlenmişti. Çocuklar takımı kurdu ve Chiara'nın (eski) arkadaşı kot pantolonunun cebinden bir düdük çıkardı. Ve oynamaya başladık.

Bizim takım diğer takımdan daha iyiydi. Oyuncular rakip takımın kalesinin etrafında toplanmış gol atmaya çalışıyorlardı, ama sonra diğer takımdan biri topu hızla alarak bana doğru gelmeye başladı. Etrafındaki herkes bağırıyordu. Topu yakalamak için kaleden ayrıldım. Zayıf bir vuruştu ama neredeyse topu kaçıracaktım, çünkü onu biraz geç gördüm ve ellerimden kaçtı. Kaleye girmiş olsaydı beni öldürürlerdi. Neyse ki onu durdurmayı başardım ve topu hemen uzağa fırlattım.

Filippo kurallara uymuyordu. Diğer oyuncuları dirseğiyle itiyor, onlara çelme takıyor ve topu almalarına izin vermiyordu. Böyle yaptığını anladım, çünkü o yanından geçtiğinde oyuncular yere düşüp "Faul!" diye bağırıyordu. Sonra sınıf arkadaşlarımdan biri atağa geçti. Küçük bir karışıklıktan sonra Kevin'ın gol attığını fark ettim. Bizim takımdaki çocuklar gerçek futbol oyuncularının yaptığı gibi tişörtlerini kafalarına geçirmiş sahada bağırarak koşuyorlardı. Ben de aynısını yaptım. Tişörtüm gözlüğüme takılmıştı ama bu umurumda bile değildi.

Ama oyun hızla devam ediyordu. Henüz yerime dönmeye fırsat bulamamıştım. Filippo, ayağında topla koşarak kaleye doğru ilerliyordu ve geride kaleyi koruyacak benden başka hiç kimse yoktu. Çok terlemiştim ve gözlüğümün camları buğulanmıştı. Ağlamıyordum. Gözlük sıcak yüzünden buğulanmıştı ve önümde neler olduğunu iyi göremiyordum. Gelen topu yakalamak için hazırlandım. Bir ara, Filippo'nun koşmaya devam ederken topa vurmak için bacağını kaldırdığını gördüm. Sonra bir şey aniden ve kuvvetli bir şekilde sol omzuma çarptı. Topun yanımda zıpladığını duydum. Hissettiğim acıyı düşünmemeye çalışarak iki elimi uzatıp topu yakalamaya çalıştım ama sadece kaleyle benim aramda uçarak süzülen beyaz bir şey gördüm. Ona dokunmuştum. Diğerleri "Kendi kalesine gol attı!" diye bağırıyordu. Birkaç dakika önce bizim yaptığımız gibi etrafta sevinçle koşmaya başladılar.

Takım arkadaşlarım öfkeyle yanıma geldi. Hepsi birden konuşuyorlardı ve ben... Ben o topun geldiğini görmemiştim. Belki de artık oynamasam daha iyi olacaktı.

Diğerlerinin ceketlerinin üzerine koyduğum ceketimi aldım ve annemle babamın arabasına doğru ilerlemeye karar verdim. Tabii bunu yapmak için önce arabanın nerede olduğunu hatırlamam gerekiyordu. Kimse beni durdurmaya çalışmadı. Chiara'ya bile hoşça kal demedim. Filippo'nun arkadan gelen sesini duydum: "Hadi, yeniden başlayalım. Kaleye kim geçmek ister?"

Cosimo, neden bana yardım etmiyorsun?

Gerçekte hırsız olmalarına rağmen Ombrosa'daki diğer çocuklarla oyun oynamayı seviyordun. Onlar için dalların arasında gözcülük yapmak zorunda kalmıştın. Gördüğün gibi herkesin kendisine yardım edecek bir arkadaşı var. Oysa benim yanımda sadece Ottimo Turcaret var ve o konuşamıyor. Bence berbat futbol oynuyordur. Bana yardım etmelisin çünkü senin sokaklarda yaşayıp hırsızlık yapan çocuklardan oluşan bir çeten, kız arkadaşın Viola ve bir erkek kardeşin var. Ama benim hiç kimsem yok. Eğer bana yardım etmezsen düşünce gücümle kitaptaki kardeşini yok eder, -bir kardeşin nasıl doğduğunu aslında hiç bilmesem de- onun benim kardeşim olarak dünyaya gelmesini sağlarım.

Şimdi aklıma geldi, büyükannem de, orada, senin yanında mı? O, bahçedeki ağacı kestiklerinde devle birlikte başka bir ağaca taşınmıştı. Eğer öyleyse, artık bir de birlikte vakit geçireceğin bir büyükannen var. Yanındaysa ona, bana bir işaret göndermesini söyle. Bir ışık ya da başka herhangi bir şey olabilir. Güzel bir şey. Çünkü bunu yapmazsa onun orada olduğuna ve ikinizin bana yardım edeceğinize inanmam.

Cosimo, bana gerçekten yardım edeceksin, öyle değil mi?

7

Erkeklerle futbol oynamak

"*Nejin* var?"

Estella dilimizi çok iyi öğrenmişti ama hâlâ birkaç kelimeyi yanlış söylüyordu. Okulun girişinde temizlik görevlilerine ayrılmış odadan bana bakıyordu. Bir anlığına da olsa gözleri yine beni korkutmuştu.

"Hiçbir şeyim yok. Neden sordun?"

"Yüzüne bakan kedinin öldüğünü sanır."

"Ottimo Turcaret gayet iyi, teşekkürler."

Estella, Ottimo Turcaret'le pek anlaşamıyordu çünkü onun beni beklemek için okula geldiğinde tuvaletini organik sebze bahçesine yaptığına inanıyordu. Kedimi sevmeyebilir ama bir şeylerin yolunda gitmediğini hemen anlıyor. Onun da üçüncü gözü var.

"Peki, ne oldu o zaman?"

Odaya girdim. Tekerlekleri olan döner sandalyeye oturdum. Ayağımla yerden destek alarak kendimi döndürmeye başladım. "Hiçbir şey. Sadece, her şeyi berbat ediyorum."

Estella beni sandalyeden indirerek yerime oturdu ve çekmecede diğer çocuklardan aldığı patates cipslerini aramaya koyuldu. Sonra bana bir paket uzattı ve birlikte cipslerden yemeye başladık.

"İşleri her zaman berbat ediyorsun, Mafalda. Sen böylesin."

Bir an yemeyi bırakıp ayaklarıma baktım. "Hayır. Görmediğim için böyle oluyor."

Burnumun ucuna bir cips yaklaştırdı. "Burada kaç tane var?"

"Bir tane."

"O zaman görüyorsun."

Cipsleri masanın altındaki çöp kutusuna tıktım. Neredeyse ağlamak üzereydim. "Kaç tane cips olduğunu görüp görmememin ne anlamı var ki? Ben futbol oynamak istiyorum. Top bana doğru gelirken onu görmek istiyorum."

"Ben de yarın sabah Ay'a gitmek istiyorum."

Böyle yaptığı zamanlarda içimden burnuna bir yumruk atmak geliyordu.

Pembe rujlu dudaklarıyla bana gülümsedi. Benim de içimden gülmek geldi çünkü yarın okula gelmediğini ve bana telefon ederek Ay'da olduğunu söyleyeceğini hayal ettim.

Estella da cips yemeyi bırakmıştı. "Mafalda, bir şeyi görüp görmemen çok önemli değil, bunu bilmiyor musun?"

"Nasıl önemli olmaz? Eğer futbol oynamak istiyorsam topu görmem önemli."

"Peki, futbol oynamak senin için bu kadar önemli mi?"

"Evet, bu benim için çok önemli."

"Eğer futbol oynamazsan ölecek kadar mı?"

Biraz düşündüm. "Tamam, belki o kadar çok değil."

"O zaman senin için vazgeçilmez bir şey değil."

Estella elindeki boş cips paketini çöpe attı.

"Vazgeçilmez derken ne demek istiyorsun?"

Kâğıt mendille elini sildikten sonra çantasından ince bir kitap çıkardı. Sayfalarını çevirdi ve her zaman yaptığı gibi elini hızlıca açıp kapatarak beni yanına çağırdı. Arkasında durarak kitapta yazılanları okumaya çalıştım ama göremiyordum. Kitaplardaki kelimeler benim için çok küçük. Hiçbir anlamı olmayan ve orada kıpırdamadan duran siyah karıncalara benziyorlar.

"Bu ne?"

Estella yüksek sesle okudu. "*'Elveda' dedi tilki. 'Ve işte sırrım: Bu çok basit. İnsan gerçekleri sadece kalbiyle görebilir. Gerçekte önemli olanı gözler göremez.'* "

"Bu, *Küçük Prens!*"

"Doğru. Sayfayı okuyamadın ama hangi kitap olduğunu anladın."

"İyi de bunun benimle ne alakası var? Ben gerçekte önemli olan şeyin ne olduğunu bilmiyorum ki."

"Küçük Prens için önemli olan şeyin, yani vazgeçilmez olanın ne olduğunu biliyor musun?"

"Herhalde gülüdür."

"Peki, onu görebiliyor muydu?"

"Hayır, çünkü onu gezegeninde bırakmıştı."

Bir süre sessiz kaldık. Ne demek istediğini anlatmasını bekliyordum ama o genellikle açıklama yapmazdı. Ayağa kalktı, ellerini omuzlarıma koydu ve şöyle dedi: "Gülünü bul, Mafalda. Senin için vazgeçilmez olanı bul. Gözlerin olmadan da yapabileceğin bir şey."

Beni kendi etrafımda döndürerek koridorun olduğu tarafa doğru çevirdikten sonra odadan dışarı çıkardı ve kapıyı kapadı. Marco Mengoni'nin bir şarkısını söylemeye başladığını duydum. Kapı dışarı edildiğimi ve din dersine çok ama çok geç kaldığımı fark ettim. Zaten ders çok sıkıcıydı. Teşekkürler Estella.

Neredeyse koridorun sonuna gelmiştim ki kapıyı açıp bana seslendiğini duydum: "Ve *hijbir* zaman yiyecekleri çöpe atma. Bir dahaki sefere onu çöp kutusundan alıp evdeki çirkin kedine götür!"

Gözlerim olmadan da yapabileceğim bir şey. Günlüğüm dizlerimin üzerinde açık dururken yatağa uzandım. Ottimo Turcaret ayaklarımı ısıtıyordu.

Bu çok zor. Gözlerin olmadan yapabileceğin pek fazla şey yok. Kahretsin. Stargardt hastalığı neden gelip beni buldu ki?

Erkeklerle futbol oynamak yazısının üzerine bir çizgi çektim ve defteri yatağın altına atıp ışığı kapadım.

Bu sabah kiraz ağacının koyu renkli saçları ve anneminkiler gibi sarı bukleleri vardı. Bir, iki, üç... Otuz, kırk, altmış...

Yüz yirmi adım.

Gözlerimle kiraz ağacının arasında altmış metre vardı.

ÜÇÜNCÜ BÖLÜM

Elli metre

8

Yalnız olmamak

Gözü bağlı ebe oyununda çok başarılıyımdır.

Aslında oyunun adının bu olmadığını biliyorum ama *kör* kelimesini sevmiyorum. *Gözü bağlı* demeyi tercih ederim, çünkü oyun oynarken sadece oyun bitene kadar karanlıkta kalıyorsun. Gözü bağlı ebe oynadığımı, uyanınca gözlerimin hâlâ bağlı olduğunu anlayıp bağı çözdüğümü ve yeniden iyi görebildiğimi hayal etmek hoşuma gidiyor.

Diğer çocuklar benimle gözü bağlı ebe oynamayı hiç istemiyor. Hile yapacağımı çünkü gözlerim kapalıyken de onları yenebileceğimi düşünüyorlar. Aslında bir sırrım var: Hepsinin ortasında hiç ama hiç kıpırdamadan duruyorum ve onların hareketlerini dinliyorum. Yerini değiştiren biri olduğunda onu yakalamak çok kolay. Sadece sesin geldiği yere dönmek yeterli. O anda hiçbiri yakalanmayı beklemiyor. Birkaç kez oynadıktan sonra öfkeleniyorlar ve gözüm bağlıyken de onları gördüğümü söylüyorlar. Sonra da *Dragon bol* kartlarıyla oynamaya başlıyorlar. O oyunda istesem de onları yenemiyorum çünkü kartlardaki hiçbir şeyi okuyamıyorum.

Bu yüzden bahçede tek başıma oynuyorum. Annem duş alırken beni aşağıda bıraktı ama o banyodan çıkıp kurulanmadan önce eve dönmek zorundayım. Annem çok çabuk yıkanır ve beni uzun bir süre yalnız bırakmamak için saçlarını bile kurutmaz, bu yüzden burada sadece sekiz dokuz dakika yalnız kalacağım. Belki de daha az. Dolabından yumuşacık bir fular aldım. Koyu renkli olanlardan birini seçtim çünkü onu gözüme bağladığımda istemeden de olsa dışarıyı görmemeliyim. Şimdi, düşmeden ve kollarımı bir zombi gibi ileriye doğru uzatmadan bahçe aletlerinin bulunduğu küçük kulübeden bahçenin sonundaki çitlere kadar yürümek istiyorum. Aslında neden böyle bir oyun oynadığımı bilmiyorum ama karanlıkta yürümeye çalışmak hoşuma gidiyor. İlk zamanlarda hemen korkuya kapılıp birkaç küçük adım attıktan sonra gözlerimdeki fuları çıkarıyordum. Ama artık sakin bir şekilde yürüyorum. Karanlıkta yürümek tuhaf bir his veriyor. Dallarıyla üzerindeki tişörtü bile yırtmadan nazikçe seni durdurmaya çalışan bir ağacın sudaymış gibi dalgalanan siyah yaprakları arasında yüzmeye benziyor. Bunu yaparken tehlikede, ama aynı zamanda dengede olduğunu hissediyorsun. Yalnızsın, ama kim olduğunu bilmediğin -ve balkondaki annenden farklı- birinin sana göz kulak olduğunu biliyorsun.

Büyükannem, bir şeyleri denemeden onların nasıl olduğunu bilemeyeceğini söylerdi. İşte ben de bu yüzden deniyorum.

Parmaklarımla bahçe duvarını boydan boya kaplayan ortancaların kuru yapraklarına dokunmaya başladım. Kendimi bahçenin ortasında bulmamak için onlardan yararlanıyorum, çünkü gözüm kapalı yürürken düz gittiğimi sansam da yönümü hep şaşırıyorum.

Birkaç adım attıktan sonra tüylü bir şeyin ayaklarımın arasına gelerek yolumu kapattığını hissettim. Ottimo Turcaret. Onu ezmemek ve biraz okşamak için durdum. Kucağıma aldıktan sonra göğsümde mırlamasını dinleyerek bahçenin sonuna kadar geldim. Ottimo Turcaret sıcak ve ağır. Gri olduğunu bilmesem onun şu koca kafalı ve iri boyunlu şişman turuncu kedilerden biri olduğuna yemin edebilirim. Nedense, turuncu tüylü kediler diğer kedilerden daha şişko oluyor. Aklıma bir şey geldi: Karanlıkta renkleri birbirinden nasıl ayırt ediyorsun? Bunu annemle babama sormam lazım.

Ayağımın ucu tahtaya değince durdum. Geri dönmeyi ya da çitleri takip ederek ilerlemeyi düşünürken yakındaki bir bisikletin freninden gelen sesi duydum. Binanın arkasındaki park yerine biri gelmiş olmalı.

"Merhaba."

Hemen gözümdeki fuları çıkardım. Öğle güneşi yüzünden gözlerimin önünde yıldızlar uçuşuyordu ama hemen gözlüğümü taktım ve karşımda Filippo'yu gördüm. Mavi ceketini giymişti ve bir kadın bisikletine benzeyen ama sepeti olmayan sarı bir bisikletin üzerindeydi. Ellerini yumruk yaparak beline koymuştu. Büyük birine, belki annesine ya da ablasına ait olan bisikletten düşmemek için bacaklarını açmış, parmak uçlarının üzerinde duruyordu. Bir aydan fazla süre geçmesine rağmen üzerinde hâlâ onu 2 Kasım'da gördüğümde giydiği ceket vardı. Herhalde arkasında isminin yazılı olması çok hoşuna gidiyor. Böylece herkes onu tanıyıp kim olduğunu biliyor.

Onunla konuşmadan eve dönmek istiyorum. Kendimi savunamayacağımdan değil belki ama herkese yaptığı gibi bana da vurmasından korkuyorum. Ottimo Turcaret'i sıkıca tutuyorum. Hırlayarak beni koruyabileceğini sanmıyorum çünkü bunu köpekler yapar. Kediler fırsatçıdır. Ve kiraz ağaçlarına tırmanamazlar.

"Kedilerin neden kiraz ağacına tırmanamayacağını biliyor musun?" Bu soru hiç düşünmeden birdenbire ağzımdan çıkmıştı. Büyükannem her zaman bana *aptalca soru* diye bir şey olmadığını söylerdi ama ben kendimi biraz aptal gibi hissediyordum.

"Ne?" Filippo, bisiklet durduğu halde elleriyle gidonu tutarak freni sıktı. Sorduğum soru onu şaşırtmış gibiydi.

"Boş ver."

"Burada mı oturuyorsun?"

"Kim olduğumu bile bilmiyorsun."

"Evet, biliyorum. Sen futbol maçındaki kızsın."

"Adım Mafalda."

"Benimki de Filippo."

Ottimo Turcaret'i yere bıraktım. "Biliyorum."

Filippo bisikletle birlikte yana eğildi ve Ottimo Turcaret'i okşamak için çitlerin arasındaki boşluktan elini içeri uzattı. Biraz tedirgin oldum çünkü onu tırmalayacağını sanıyordum ama Filippo kulaklarının arkasını okşadığında Ottimo Turcaret'in bundan hoşlandığı anlaşılıyordu.

"Adı ne?"

"Ottimo Turcaret."

"Soyadı mı var?"

"İki ismi var. Bir kitapta geçiyor."

"Ah, öyle mi? Hangi kitap?"

"Bilmezsin. Büyüklere göre bir kitap. Babamın en sevdiği kitap."

"Benim babam da kitap okumayı sever. Uyumadan önce bana mutlaka kitap okurdu."

"Benimki de okuyor." Ona neden *okurdu* dediğini sormanın doğru olmayacağını düşündüm. Belki annesiyle babası boşanmıştır ve babası artık onlarla yaşamıyordur. Annesiyle babası boşananlar genellikle bu konuda soru sorulunca kızıyor. Bu yüzden sesimi çıkarmadım.

"Peki ne kitabıymış?"

"Hangisi?"

"Babanın en sevdiği kitap?"

Aslında kitabın adını ona söylemeyi istemiyordum ama yumruklarına yeniden beline koyması beni biraz korkutmuştu. "Ağaca Tüneyen Baron."

"Onu okudun mu?"

Neden bu kadar ilgi gösterdiğini anlamadım. "Evet. Bana onu babam okudu."

"O zaman kitabı sen okumadın."

"Aynı şey."

Filippo dirseklerini çitlere dayayarak çenesini ellerinin arasına aldı. "Sen kör olduğun için mi sana onu baban okudu?"

Yüzümün tamamen kızardığını ve gözlüğümün buğulandığını hissettim. "Ben kör değilim."

Eve dönmek için Ottimo Turcaret'i kucağıma aldım ama annemin fuları yere düşmüştü ve onu hemen bulamazdım.

"Ama çok az görüyorsun, öyle değil mi?"

Cevap vermeden boşta kalan elimle soğuk ve kuru çimenlere dokunarak birkaç saniye daha fuları aramaya devam ettim. En sonunda vazgeçip oradan uzaklaşmaya karar verdim.

Filippo'ya arkamı döndüm. O kötü biriydi. Ben annesiyle babasının boşanması hakkında ona hiçbir şey sormamıştım. Bisikletin pedallarının ve zincirlerinden gelen tıngırtıların birbirine karışan sesini ve tok bir sesin ardından bahçedeki kuru otların üzerinde bana doğru ilerleyen adımlarını duydum.

"Çık dışarı," dedim, arkamı dönmeden.

"Al."

Biri sana "al" dediğinde genellikle bir şey verir, bu yüzden gözlerimi kaplayan sisin içinden elimi ileriye doğru uzattım ve yumuşak bir kumaşa dokundum. Annemin fuları.

"Mafalda!"

Balkonun kapısından annemin beni çağıran endişeli sesi duyuluyor. Duşa girişinin üzerinden sekiz ya da dokuz dakikadan fazla zaman geçtiğini tahmin ediyorum. Hemen kapıya doğru koşmak istedim ama sonra bir şeyi hatırladım. Biri, sana ait olmayan, izinsiz aldığın ve artık bulamadığın bir şeyi yerden alıp sana verirse ona teşekkür etmen gerekir.

Eve giden yolda durup bakınca bulanık, mavi renkli bir lekenin uzaklaştığını gördüm. Annem yukarıdan bakarken bağırarak teşekkür etmek istemedim.

"İçeri gel!"

Binaya girdim. Kapı kapanmadan önce sokaktan geçen bisikletin sesini duydum. Neşeli zili çalıyor, benim bile duyamayacağım kadar kısılan sesi uzaktan *ding ding* diye ötmeye devam ediyordu. Artık bu zilin sahibinin nereye gittiğini sadece hayal edebilirdim. Mutlu ve özgür birine benziyor. Ardından seslenip beni bisikletinin arkasına alarak gezdirmesini istemeyi düşündüm, çünkü uzun bir süredir hızlı giden bir bisiklete binmemiştim ve zaten yürüyerek de hızlı gidemiyordum. O özgürdü. Onun şeffaf çerçeveli gözlüğü vardı ve istediği yere gidebilirdi. Oysa ben hapsolmuştum. Sanki polisler beni yakalayıp içeri tıkmışlardı. Benim hapishanemle gerçek bir hapishane arasında tek bir fark vardı: Hapishanedeki parmaklıklar sisten yapılmıştı ve hücredeki arkadaşlarımın hepsi kaçmıştı.

Odamdayım. Sabahlığım hâlâ üzerimde ve yatakta uzanıyorum. Günlüğümü elime aldım. Önemli şeyleri yazdığım ikinci sayfayı açtım. *Yalnız olmamak* yazısı üzerine siyah bir çizgi çektim.

Bu sabah sıramda dörde katlanmış bir kâğıt parçası vardı. Onu görünce beyaz bir kelebek olduğunu sandım ama biraz düşününce bunun mümkün olmadığına karar verdim. Kelebekler için hava fazlasıyla soğuktu. Hepsi tatile gitmişti ya da büyükannem ve dev gibi bir ağacın gövdesinde yaşıyorlardı.

Ben kimseden not almam. Öğretmen bir şeyler yazmak için tahtaya döndüğünde sınıf arkadaşlarım birbirlerine içleri notlarla dolu kâğıt mendil paketleri atarlar. Kimse bana not atmadığı için kâğıtlarda ne yazdığını bilmiyorum. Ben hep ön sırada otururum çünkü bunu yapmazsam tahtadaki hiçbir şeyi okuyamıyorum ve ödevlerin hepsini kaçırıyorum, ama arkamda uçuşan notların sesini duyuyorum. Sırtıma çarpan paketler yere düşüp *pat* diye ses çıkarıyor. Bir defasında arkamı dönüp düşen bir paketi yerden almak istediğim sırada öğretmen görüp beni azarlamıştı, çünkü notu benim yazdığımı sandı. Diğerleri gülmeye başlamıştı. Ben de yere düşen notları umursamamaya karar verdim.

Oysa, bu not benim içindi. Bir çiçeğin üzerine konmuş bir kelebek gibi benim sıramın üzerinde duruyordu. Onu okumak için tuvalete gittim, çünkü bu not özeldi ve arkadaşlarımın onu okurken beni görmesini istemiyordum. Utanıyordum. Çok ama çok büyük yazıları bile okumak için, süpermarketteki bir salatanın üzerindeki son kullanma tarihini okuyamayan yaşlılar gibi kâğıda çok ama çok yaklaşmak zorunda kalıyorum. Ama ben yaşlı değilim. Babam, bu yüzden, bana bir büyüteç aldı ve onu kitaplarda ve filmlerde gördüğümüz dedektif *Şerlokolms* gibi kullanabileceğimi söyledi. Ama ben başkalarının yanında büyüteci kullanmayı hiç istemiyorum. Bu yüzden önlüğümün cebimdeki notla ve büyüteçle birlikte kızlar tuvaletine gittim ve kendimi içeri kilitledim.

Notu açtım. Şöyle yazıyordu: *Sorulara cevap verirken kıpkırmızı oluyorsun. Sen benim küçük prensesim, hatta baronesimsin.*

9

Aşağıdaki lavların içine düşüp ölmemek için kaldırımda dengeni kaybetmeden yürüme oyunu oynamak

Kış geldiğinde okuldaki kiraz ağacı çok üzgün oluyor.

Yaprakları kelebeklerle birlikte tatile çıkıyor ve içinde yaşayan dev, renkli bir battaniye yapmak için ağacın dallarındaki bütün çiçekleri kesiyor.

Güzel yaprakları olmadan kiraz ağacını uzaktan göremiyorum. Neyse ki Estella'nın ıslığı sayesinde okula yaklaşmak üzere olduğumu anlayabiliyorum. Zaten babam da haber veriyor. Eskiden okula yalnız gelemeyecek kadar küçüktüm. Şimdi de Stargardt hastalığına yakalandığım için beni dışarı yanımda bir büyük olmadan göndermiyorlar. Ottimo Turcaret, kitaptaki Cosimo'nun (yani aslında Viola'nın) köpeği gibi olsaydı bana göz kulak olabilirdi. Belki de onu eğitmeyi denemeliyim ama

Ottimo Turcaret çok zeki bir kedi değil. Yine de onu çok seviyorum çünkü beni okul çıkışında dışarıda bekliyor. Ve başka hiç kimsenin okulun dışında kendisini bekleyen bir kedisi yok.

Saat birdeki zil çalınca hepimiz bir sınıf arkadaşımızın elini tutup sıraya girmek zorundayız, ama bizim sınıftaki herkes aceleyle dışarı çıkıyor ve öğretmen hiçbir zaman çocukların doğru anne babayla gidip gitmediğini kontrol edemiyor. Estella beni her gün kapıya kadar getiriyor. Bunu yapmasını ondan annemle babam istedi. Ama bugün o okulda değil. Nerede olduğunu bilip bilmediklerini sormak için temizlik görevlilerinin odasına gittim. Gömleğinde her zaman sos lekesi olan kel ve yaşlı adam onun bazı kontroller yaptırmak için okuldan erken çıktığını söyledi. Ne kontrolü olduğunu bilmiyormuş. Yaşlı adam bana kapıya kadar eşlik etmesini isteyip istemediğimi sormadı bile. O, her zaman odada durup kahve hazırlıyor ve bir yerlerini incitmedikleri sürece çocukları hiç umursamıyor. Bunu da sadece, böyle durumlarda insanın canını daha çok acıtan alkol ve yara bandı kullanmakla görevli olduğu için yapıyor.

Okulun bahçe kapısından dışarı çıkınca duruyorum. Annemle babam kendilerini orada beklememi istiyor. Bazen birkaç dakika geç kalıyorlar, çünkü ikisi şehrin farklı bölgesinde çalışıyor ve arabayla gelip beni zamanında okuldan almak için acele etmeleri gerekiyor.

Etrafta neredeyse hiç kimse yok. Okul servisi gitti ve diğer anne babaların arabaları da uzaklaşıyor. Bu sırada bisikleti olan bir grup çocuk yanımdan geçerken bağırışların ve gürültülerin arasında kulağıma tanıdık gelen bir zil sesi duyuyorum. Kaldırımdaki beyaz çizgilerin üzerinde hareket eden ve iç içe geçmiş renklerden oluşan gruptan ayrılınca frenlerin sesini ve mavi ceketi tanıyorum.

"Merhaba."

"Merhaba."

"Annenle babanı mı bekliyorsun?"

Geçen gün olduğu gibi ayak bileklerimin arasından yumuşak bir şeyin geçtiğini hissettim. Ottimo Turcaret'i kucağıma aldım ve çok fazla düşünmeden eve doğru yürümeye karar verdim.

"Hayır, kedimi bekliyordum."

Filippo, ben yanından geçerken Ottimo Turcaret'in başını okşadı ama hızlı adımlarla ilerleyerek onu geride bıraktım. Annem gelip beni burada bulamayınca çok kızacak, belki de kaçırıldığımı düşünecek. Yine de yürümeye devam ettim. Filippo'nun eve her gün tek başıma gittiğimi düşünmesini istiyorum. Bu yüzden çok sakin gözükmeliyim. Ama annemle babamın arabası gelecek olursa hem başım belaya girer hem de rezil olurum. Bu yüzden düz gitmek yerine sağdaki ilk sokağa girdim ve hemen ardından başka bir sokağa döndüm.

Filippo'nun bisikletinin yakınlarda bir yerde fren yaptığını duydum. "Hangi sokaktan gidiyorsun?" diye sordu, pedalları yavaş yavaş çevirirken.

Nerede oturduğumu bildiğini unutmuştum. Birden kıpkırmızı kesildim ve cevap vermedim. "Bence kayboldun. Gel sana eşlik edeyim."

"Hayır, teşekkürler."

Beni niye takip ettiğini anlamıyorum. Belki de Ottimo Turcaret'i benden çalmak istiyordur. Onu sevdiği belli oluyor. Yolumu değiştirip ondan kurtulmam gerekiyordu ama dikkatim dağıldı ve hangi taraftan gitmem gerektiğinden emin olamıyordum. Sokağın isminin yazılı olduğu levhayı okumaya çalıştım ama her zaman olduğu gibi kelimelerin yerine siyah karıncalar gördüm.

Filippo hâlâ arkamdaydı.

"Kaybolduğunu söylemiştim. Gel seni eve götüreyim."

"Hayır."

"Eve gitmek istemiyor musun?"

"Hayır. Biraz gezeceğim."

Aklıma dengede durma oyunu geldi. Kaldırımın kenarına çıkıp oynamaya başladım.

Filippo yine arkamdan geldi. "Ne yapıyorsun?"

"Oyun oynuyorum."

"Ne oyunu?"

"Çizginin üzerinde yürümen gerekiyor ve eğer düşecek olursan kendini lavların içinde bulursun ve timsahlar seni yer."

"Lavların içinde timsahlar mı var? Orada nasıl hayatta kalıyorlar?"

"Bunun bir önemi yok. Öyleymiş gibi yapıyorsun. Ama düşersen kaybedersin."

"Ne kadar süre dayanmam gerekiyor?"

"Bilmem. Yapabildiğin kadar."

"Bu çok aptalca bir oyun."

Filippo bana hoşça kal demeden pedalları çevirip oradan ayrıldı.

Hem rezil oldum hem de kayboldum. Ne olur ne olmaz diye oyunu oynamaya devam ettim çünkü Filippo'nun bisikletinin sesini hâlâ duyabiliyordum. Geri dönecek olursa gerçekten gezintiye çıkmış gibi gözükmem gerekiyordu.

Evin yolunu tesadüfen buldum. Okuldan çıkışımın üzerinden bir saat geçti. Yeteneklerimden biri de bu. Geçen zamanı içimden hesaplayabiliyorum. Ama bu yeteneğim o an pek işime yaramıyordu.

Annem kulağında telefonla oturduğumuz binanın kapısında duruyordu. Beni görür görmez bana doğru koştu ve dizlerinin üzerine çöktü. Bana öyle sıkıca sarıldı ki nefes alamadım.

"Korkudan öldük. Neyse ki bir şeyin yok. Ne oldu?"

Merdivenlerden koşarak inen babam da güçlü kollarıyla bana sıkıca sarıldı.

Tek başıma geldiğimi hemen söyleyemedim çünkü bana kızacaklarını biliyordum. Ama endişeli gözlerle yüzüme bakmaya devam edince gerçeği söyledim. Yani gerçeğin yarısını. "Eve tek başıma dönmek istemiştim ama kayboldum. Özür dilerim anne." Endişeli ve üzgün gözükmeye çalıştım. Bu genellikle işe yarardı.

Ama bu sefer öyle olmadı. Babam öfkeyle bağırmaya başladı. "Sana binlerce kez okulun önünde bizi beklemeni söyledik! Eve yalnız başına dönemeyeceğini biliyorsun."

Annem eliyle babamın koluna dokundu. "Giovanni." Annem babamı kızdıracak önemli bir şey olduğunda hep böyle yapar. Onu böyle sakinleştiriyor. Başka zamanlarda ona "Gio, aşkım," der. Babam adımlarını yere vurarak ve söylenerek eve çıktı.

Biz de arkasından gittik. Daha merdivenlerdeyken sosisli pizzanın kokusunu aldım. Bu en sevdiğim kokulardan biri. Annem beni mutfağa götürdü ve onu çok korkutmuş olsam da bana kocaman bir dilim pizza verdi. Babama da bir tane verdi. Babam teşekkür etmedi ama pizza tabağına doğru eğildiğinde eliyle annemin koluna dokunarak ona baktı. O anda annemle babamın birbirleriyle *arkadaş* olduğunu düşündüm.

Akşam oldu. Mavi pijamamı giyip Ottimo Turcaret'i kucağıma aldım. Pencerenin yanına geldim. Üşütmesini istemediğim için onu pencerenin kenarına koymadan dışarı baktım.

Yumuşak pijamamın altındaki kalbim birdenbire hızla atmaya başladı. Kutup Yıldızı'nı göremiyordum. Ay'ı görüyordum. Tam önümdeydi ve bir fener gibi parlıyordu. Ama hep orada, Ay'ın yanında duran yıldız yerinde değildi. Onu hiçbir yerde göremiyordum. Annemi çağırıp ona İsa peygamberin kibritinin söndüğünü söylemek istedim ama sonra sesimi çıkarmamaya karar verdim. Gözlerimi kıstım. Önce birini sonra diğerini kapadım. Hiçbir şey olmadı. Koyu mavi gökyüzü, tertemiz, parlak ve bulutsuz gözüküyordu. Bulutlar benim gözümdeydi ve Kutup Yıldızı'nı gizliyordu.

Yeni yılda bana tavana yıldızlar yansıtan bir lamba hediye etmelerini isteyeceğim. Tavan gökyüzünden daha yakında olduğuna göre hâlâ birkaç yıldızı görebilirim. Beş ya da altı tanesini hatta belki on dört on beş tane yıldızı görebilirim. Tam o sırada aklıma bir şey geldi. Gidip günlüğümü aldım ve sayfalarını çevirdim. Sonra, *Aşağıdaki lavların içine düşüp ölmemek için kaldırımda dengeni kaybetmeden yürüme oyunu oynamak* yazısının üzerini siyah kalemle çizdim.

Cosimo, ne zaman bana yardım edeceksin?

*Biliyor musun, neden olduğundan emin değilim ama son gün*lerde bana *yardım ettiğini düşünmeye başlamıştım. Sonra hep kötü* şeyler *oldu ve o zaman anladım ki orada değilsin. Kafana tüylü bir şapka takıp büyükannemle satranç oynuyorsun ve beni hiç umursamıyorsun. Sen orada kafanı sıcacık tutan tüylü şapkanı takmış otururken ben karanlıktaki canavarlardan kaçıyorum. Beni yakalayacak olurlarsa yutacaklar. Peki ama söyler misin, Cosimo, ben nasıl kurtulacağım?*

10

Mücadele ne zaman biter?

Yeni yıl.

Yağmur yağıyor. Bu berbat bir şey.

Yağmurun sesi çok fazla, hatta o kadar fazla ki diğer bütün sesleri bastırıyor. Pencerenin önünde oturup cama üfleyerek onu buharla kaplıyorum. Sonra da üzerine parmağımla küçük bir yıldız çiziyorum. Alnımı dayadığım cam soğuk. Kalbimin içinde de yağan yağmurla birlikte başka bir dünyada olduğumu hissediyorum.

Hediyeleri açmam için beni çağıran annemin sesini bile duymuyorum. Beni çağırdığını, elini omzuma koyup zamanın geldiğini söylediğinde fark ettim. Ve o sırada, hiç kimseden bana yıldız yansıtan lamba hediye etmesini istemediğimi hatırladım.

Sabahın ilk saatleri sona erdi. Bugün amcamlara yemeğe gideceğimiz için kırmızı beyaz pötikareli çirkin bir elbise giymek zorunda kalacağım. Neyse ki kuzenim Andrea ve Hindistanlı arkadaşı Ravina da orada olacak. En azından onlar olunca biraz eğleniyorum. Özenle yatağın üzerine serilmiş elbiseye hiç bakmadan annemin arkasından salona gittim. Çam ağacımızın hayatta olması bir mucize çünkü annemle babam ağaçlardan pek anlamıyor. Biraz ışık görsün diye balkonun camının önüne koyduğumuz bu çam ağacının iğne yapraklarının çoğu daha şimdiden kurumuş ve çok hafif olsalar da top süsleri taşıyacak gibi gözükmüyorlardı. Alışveriş merkezindeki satıcı bahara kadar dayanacağını söylemişti. Yine de Ottimo Turcaret ağacın saksısına çişini yapmamalıydı. Bunu yaparken onu görmedim ama kokusunu alabiliyordum. Ağacın önündeki halının üzerine oturup hediyeleri kokladım. Onlara bir şey olmamış gibi gözüküyordu. Babam dün gece hediyeleri ağacın en alttaki dallarının üzerine koyduğu sırada benim uyuduğumu sanıyordu. Ama böyle bir şey olurken nasıl uyuyabilirim ki? Yeni yıl herkes için, hatta benim gibi gözlüğü olmadığında gökyüzünde sadece Ay'ı görebilen biri için bile güzel bir zaman.

Annem hediyesini ellerimin arasına yerleştirdi. Altın renkli, etrafını saran kırmızı bir kurdeleyle güzelce bağlanmış küçük bir paket. İçinden kulaklık ve küçük bir müzik çalar çıktı.

"En sevdiğin şarkıları indirdim."

Güzel bir hediye. Bunu hiç beklemiyordum. "İçine sesli kitap da koyabilir miyim?"

Annem babama baktıktan sonra babam yanıma gelip diz çöktü. "Dinleyebileceğin kitaplar olduğunu nereden biliyorsun?"

"Yardımcı öğretmenim söyledi."

Babam, benim Ottimo Turcaret'e yaptığım gibi başımı okşadı. Kötü bir his değildi. "Peki, hangi kitapları istiyorsun?"

İşaret parmağımla gözlüğümü düzelterek ona baktım. "Senin en sevdiğin kitabı."

Babam gülümsedi. "Tamam. Bana birkaç gün ver. Senin için onu internetten yükleyeceğim."

Sonra bana kendi hediyesini verdi. Anneminkinden daha büyük, yumuşak bir paketti. Onu yavaşça açtım. Umarım bir kazak değildir. Akrabalar, kıyafet hediye ettiğinde genellikle doğru bedeni tutturamazlar ve aslında nefret ettiğin rengin en sevdiğin renk olduğunu zannederler. Yine de kabalık etmemek için böyle olduğunu onlara söyleyemezsin. Üstelik, onları her ziyaret edişinde üzerine oturmayan o kazağı giymek zorunda kalırsın.

Ama babamın hediyesi bir kazak değildi. Yırttığım hediye kâğıdının içinden rengarenk bir battaniye çıktı. Onu dizlerimin üzerine serdim. Yün iple örülüp birbirine eklenmiş kare parçalardan oluşuyordu. Hepsinin rengi birbirinden faklıydı: Sarı, pembe, yeşil... Güzel ve canlı renklerdi. Elimi üzerinde gezdirdim. Yün battaniye, insanın üzerine oturmayan o kazaklar gibi kaşındırmıyordu. Pürüzsüz ve ipeksi bir dokusu vardı. Onun altına girip hiç hareket etmeden halının üzerinde yatarak yağmuru dinlemek istedim.

Bir babadan alınacak tuhaf bir hediyeydi. Şaşkınlığımı fark etmiş olacak ki yanıma oturdu ve bu battaniyenin onuncu yaş günüm için büyükannemin hediyesi olduğunu söyledi.

"On yamayı zamanında tamamlayabilmek için geceleri geç saate kadar oturuyordu. Bunu hastaneye gitmeden kısa bir süre önce yapmaya başlamıştı. Onu oraya götürdüğümüz zamanı hatırlıyor musun?"

Babam gözlerimi görmesin diye battaniyeye baktım. "Evet."

Sonra aklıma bir şey geldi.

"Neden sadece sekiz parça yapmadı? Daha erken bitirebilirdi. O, ağaçta yaşamaya başlamadan önce ben daha sekiz yaşımı doldurmamıştım ki."

"Sürpriz yapmayı seviyordu ve onu sana sekiz yaşındayken vermek istemedi. Biraz zaman geçtikten sonra da onu hatırlatacak bir anı bırakmak istiyordu."

"Hastaneden geri dönmek istiyor muydu?"

"Öyle söyleyebiliriz, evet."

Mutluydum. O kadar mutluydum ki annemle babam için aldığım hediyeleri vermeyi unuttum. Zaten onlara sadece ikisinin yüzünü çizerek yaptığım resimleri verecektim. Onları evin girişindeki gümüş çerçevenin içinde duran düğün fotoğraflarına gizlice ve dikkatlice bakarak yapmıştım. Resimleri bu akşam yastıklarının üzerine koyacağım.

Öğle yemeği için hazırlanmadan önce aklıma başka bir şey geldi. "Ama bugün benim onuncu yaş günüm değil ki."

Annem ve babam bir süre birbirlerine baktıktan sonra cevap verdi. "Sürprizi birkaç ay öne almak istedik. Battaniyeyi daha fazla saklayamazdık. Bu çok heyecan vericiydi."

Bir süre sessiz kaldıktan sonra birbirlerine hediyelerini verdiler. Onlara her şeyi anladığımı, bu güzel battaniyeyi bana şimdi vermekle iyi yaptıklarını söylemek istiyordum. Hâlâ görebildiğim için battaniyeyi de görebiliyorum. Onu omzuma aldım. Kırmızı ve lacivert renkli yamalar terliklerime değiyordu. Tam o sırada birden onlara sormak istediğim diğer soruyu hatırladım. "Karanlıkta kaldığımda beni renk okuluna gönderecek misiniz?"

Birbirlerine verdikleri hediyeler için teşekkür etmeyi bıraktılar. Galiba ne söyleyeceklerini bilemiyorlardı.

Ravina bugün çok güzel. Yan taraftan ördüğü saçları göğsüne kadar uzanıyor. Gözlerini mavi kalemle boyamış. Hint elbisesi değil, normal bir elbise giymiş. Beni görünce gelip sıkıca sarıldı ve hemen hediyesini verdi: Üzerinde flamingo ve kurbağa resmi olan bir poster.

Kurbağa flamingonun gagasındaydı ama kuş henüz onu yutmamıştı, çünkü kurbağa bacaklarıyla flamingonun boynunu sıkıyordu. Flamingonun yüzünden onu yutmak istediği ama kurbağa boynunu sıktığı için bunu yapamadığı anlaşılıyordu. Resmin altında bir yazı vardı: NEVER EVER GIVE UP. Ravina'ya bunun ne anlama geldiğini sordum.

"*Asla ama asla pes etme*. Tıpkı kurbağa gibi."

Gülmeye başladım. "Ama zaten kurbağanın işi çoktan bitmiş!"

Ravina parmağıyla hafifçe burnuma vurdu. "Henüz değil, Mafalda. Henüz değil."

"Peki bu mücadele ne zaman bitecek?"

"İkisinden biri pes ettiğinde."

"Sence önce kim pes edecek?"

Ravina bir süre postere baktı. "Bunun bir önemi yok. Önemli olan şey, asla ama asla pes etmemek."

Postere yaklaşıp onu yakından inceledim. Kurbağanın durumu gerçekten de hiç iyi gözükmüyordu. Kafasının tamamı flamingonun gagasının içindeydi ve küçük ayakları dışarıda sallanıyordu.

"Evet ama bu çok yorucu bir şey."

"Peki, sen yorulmamak için kuşun seni yutmasını mı tercih ederdin?"

"Hayır! Bu iğrenç bir şey!"

"O halde..."

"...asla ama asla pes etme. Anladım. Teşekkürler. Bu akşam onu odama asacağım."

11

Ben bilirim!

Annem -beni doktora götürdüğü günler dışında- yüksek topuklu ayakkabılarını yılda sadece iki kez giyer: Babamla evlilik yıldönümlerinde (bu özel gün çoğunlukla evde, annemin hazırladığı akşam yemeğiyle kutlanır) ve yılın en son gününde, yani bugün.

Bardakları ve babamla birlikte hazırladıkları atıştırmalıkları toplarken annemin topuklarının çıkardığı sesleri duyuyordum. Bana meyve suyu vererek odama gidip giyinmemi istemişlerdi. Annem saçlarıma iki tane pırıltılı kurdele taktı ve üzerime kendi parfümünden sıktı. Ağır bir parfüm olsa da annemin kokusu olduğu için hoşuma gidiyordu.

Odamda aynanın karşısına geçince başımdaki pırıltılı kurdeleleri saçlarımın altına saklamaya çalıştım. O sırada annemle babamın benim duymamı istemedikleri bir şeyler konuştuğunu anladım çünkü kendi aralarında fısıldaşıyorlardı. Bunu yapmanın yanlış olduğunu bilsem de onları gizlice dinlemek istedim. Sessizce koridordaki kapıya doğru ilerledim. Annemin topuklarının sesi gelmeye devam ediyordu. Ne dediğini anlamak için kulaklarımı iyice açtım çünkü çok yavaş konuşuyordu.

"İlk başlarda kolay olmayacak."

Bir sandalyenin yerde çıkardığı sesi duydum. Babam ayağa kalkmıştı. "Bunu yapmak istediğinden emin misin?"

"Evet. Buna mecburuz."

"Bir süreliğine izin alamaz mısın?"

"Bu ne işe yarar ki? Bir süre sonra durum daha da kötüleşecek. Bütün gün onunla birlikte olmam gerekecek."

O diye bahsettikleri kişi ben oluyorum.

Ofladıklarını duydum. Kıpırdamıyorlardı. Toplanacak bardak kalmamıştı. "Patronunla konuştun mu?"

"Ona konudan bahsettim. Bana giriş çıkış saatlerimi değiştiremeyeceğini çünkü zaten onu doktora götürmek için fazlasıyla izin aldığımı söyledi. İşten çıkarsam bana yüklü bir tazminat verecekmiş."

Tazminat mı? Bu da ne demek?

"Umarım öyle olur. Ne zaman bırakacaksın?"

"Şubat ayının başında."

"Peki. Belki böylesi daha iyidir. Ben de ofiste daha fazla mesai yaparım. Ev konusunu da düşünmemiz gerekiyor."

Anlamıyordum. Kafamdaki düşünceler kiraz ağacının etrafında dönüp duran beyaz kelebekler gibiydi.

"Emlakçı bana birkaç telefon numarası verdi. Pazartesi günü okulun yakınındaki daireleri görmeye başlayabiliriz."

"Onlara merdiven olmaması gerektiğini söyledin mi?"

"Evet. Çok fazla bütçemiz olmadığını da söyledim."

Elimde olmadan hapşırınca mutfakta bir sessizlik oldu. O sırada evde başka bir ses yoktu.

"Mafalda, hazır mısın?"

Koridora çıktım. "Evet, anne."

"Hadi, gidelim o zaman."

Saat gece yarısını geçmişti. Bire çeyrek vardı. Büyükler içeride minicik bardaklardan bir şeyler içip kısık sesle konuşurken yatak odasında uyuyordum.

Aslında uyumuyordum. Annemle babamın daha önce duyduğum konuşmalarını düşünüyordum. Gerçekten başka bir eve taşınmayı düşünüyorlarsa ne yapacaktım? Ya odamın penceresinden Ay'ın gözükmediği bir eve taşınırsak? Orada artık hiç selam vermeyen komşular oturuyor olsa da bir daha büyükannemin evini göremezdim. Peki Ottimo Turcaret? Ya yeni evi sevmezse? Bu eve çok alıştı bu yüzden başka bir yere taşınmak isteyeceğini sanmıyorum.

Bir şey yapmam gerekiyordu. Yatağımın yanında içinde yarın giyeceğim kıyafetlerin olduğu çantam duruyordu. Kalem kutusunu, birkaç resim kâğıdını ve annemin bana yıl başında aldığı müzik çaları da içine koymuştum. Karanlıkta onu bulduktan sonra kulaklıkları takıp üzerindeki yuvarlak düğmeye bastım.

Babamın en sevdiği kitabı dinlemeye koyuldum. Kalın sesli ve yaşlı olduğu anlaşılan bir adam hikâyeyi anlatmaya başladı.

"Nereye gidiyorsun?"

Onu camlı kapıdan, vestiyerdeki üç köşeli şapkasını ve kılıcını alırken gördük.

"Ben bilirim nereye gideceğimi!" diyerek bahçeye koştu.

Bir süre sonra pencereden meşe ağacına tırmandığını gördük.

Durdurma tuşuna basıp hızla doğruldum. Ne yapacağımı biliyordum. Ben de Cosimo gibi ağaçta yaşayacaktım. Okuldaki kiraz ağacına çıkacaktım ve dersleri dalların arasına saklanıp pencereden dinleyecektim. Böylece beni kimse görmeyecekti.

Hazırlanmam gerekiyordu, çünkü kısa bir süre sonra karanlıkta kalacaktım ve bu olduğunda ihtiyacım olan eşyaları kiraz ağacına çıkarıp aşağı indiremezdim. Çantadan bir kâğıt çıkarıp kalem kutusunu aldıktan sonra yeniden yaşlı adamın sesini dinlemeye başladım.

Sadece on iki yaşında olmasına rağmen babamız sofraya otururken nasıl giyinmesini istiyorsa ona uygun şekilde giyinmişti: Saçları pudralı ve arkadan kurdeleli...

Pudralı kelimesinin ne anlama geldiğini öğrenmek için kâğıda bir işaret koydum ve benim saçlarımda zaten kurdele vardı. Sıra, gerekli olan diğer eşyaları yazmaya gelmişti.

DÖRDÜNCÜ BÖLÜM

Kırk metre

12

Büyüyünce nasıl bir yüzüm olacağını görmek

Yemek yapmak için bir tencere

Daha rahat uyumak için bir yatak

Müzik çalar

Büyükannemin battaniyesi

Tükenmez kalemler, defterler, kurşun kalemler

Yağmurdan korunmak için büyük bir şemsiye

Bir…

"Mafalda, ne yapıyorsun?"

Kiraz ağacına götüreceğim eşyaların listesini yaptığım kâğıdı çalışma kitabımın arasına sakladım. Öğretmen beni görmüştü, masasının önündeki ilk sırada oturuyordum. Ama hiçbir şey olmamış gibi davrandı ve sadece dersi dikkatle dinlememi söyledi.

Not alıyormuşum gibi gözükmek için Doktor Olga'nın hediye ettiği dinozor silgili kalemi elime aldım. Öğretmen yeniden tahtaya dönmüştü.

"Pekâlâ, kaslar ikiye ayrılır: Uzun kaslar ve kısa kaslar..."

Kaslar. Onların kısa ya da uzun olması kimin umurunda ki? Kendimi ele vermemek için öğretmene bakmaya devam etsem de aslında onu dinlemiyordum. İçimden, aklımdaki listenin üzerinden geçiyordum.

Yemek yapmak için bir tencere

Al işte, yukarıdayken nereden yemek bulacağım konusunu henüz çözmemiştim. Başlangıç için yanımda birkaç yiyecek götürebilirdim. Bir de yatak sorunu vardı. Birbirine yakın iki dalın üzerine yerleştireceğim bir şişme yatak işimi görürdü. Chiara'nın iki kişilik bir şişme yatağı vardı. Annesiyle babası onu göl kenarına ailece yaptığımız geziye getirmişlerdi. Üzerinden çok zaman geçmişti ama hâlâ duruyor olmalı. Belki de yeni bir tane satın almışlardır. Onlar çok zengin. Acaba Chiara onu bana verir mi? Bence vermez. Eskisi gibi yakın değiliz. Yatağı sormadan almam gerekecek. Robin Hood da böyle yapıyordu, değil mi? Zenginlerden alıp fakirlere veriyordu. Chiara zengin. Oysa benim hiçbir şeyim yok. Üstelik şimdi gidip bir ağaçta tek başıma yaşayacağım. Eğer büyük olsaydım bu tür şeyleri kendi paramla satın alabilirdim ama büyümeyi beklersem geç kalırım. Gözlerimdeki karanlık benden daha hızlı büyüyor.

Sınıfta, sormadan bir şeyler alabileceğim, yeteri kadar zengin başka kimse var mı diye etrafa baktım. Ama bunu yapmak için arkama dönmem gerekiyordu. Zaten öğretmen de kırmızı bir tebeşirle tahtaya kasları çizmekle meşguldü. Arkadaşlarım onları izlediğimin farkında bile değildi. Hepsi tahtadakileri çizmeye çalışıyordu ama kasları öğretmenin çizdiği gibi çizemediklerinden emindim. Arkamda oturan Kevin'ın elinde yeşil bir kalem olduğuna göre çok sevdiği şu yılanları çiziyor olmalıydı. Mümkün olsa bir tane yılan almak isterdi ama alamaz. O zengin değil.

Arkada neler olduğunu tam olarak göremiyordum ama bir kıpırdanma, bir hareketlilik olduğunu hissediyordum. Chiara ve Martina ön sırada oturan Christian ve Lorenzo'yla *Doğruluk mu, Gerçek mi?* oynarken etraftaki herkes onlara gülüyordu. Tamam işte, Christian da zengin. Havuzları var ve okula her yıl yeni, pahalı bir çantayla geliyor.

Camın kenarındaki sıradaki birinin yüksek sesle hapşırdığı duyuldu.

Francesca'nın "Iğğ, iğrenç! Kitabımın üzerine tükürdün!" diye bağırdığını duydum. Bu yıl Sicilya'dan taşınıp buraya gelmişlerdi. Zavallı kız haklıydı. Sıra arkadaşı herkesin kendisine "Tombik" diye seslendiği Albertino'ydu. Kısa boylu ve şişman bir çocuktu. Yuvarlak pembe bir balona benziyordu. Sadece aralarda değil derslerde de durmadan bir şeyler yiyordu. Onun ve Francesca'nın kitabının üzerine saçılan ekmek parçalarını, marulu ve mayonezi ben bile görebildiğime göre oldukça büyük bir hapşırık olmalıydı.

Öğretmen onların sırasına yaklaşıp Tombik'e temizlenmesini söyleyerek onu ders sırasında yemek yediği için azarlayınca sırasının altından güzel, onun gibi pembe ve pürüzsüz bir kutu çıkardı. Herkes gülmeye başladı. Yiyecek koymak için kullanılan bir kutu olduğunu biliyordum. Onu daha önce birkaç kez görmüştüm. Yemekleri sıcak tutmak için kullanılan kaplardan biriydi. Babamın da işe giderken yanında öğle yemeği götürmek için kullandığı buna benzer bir kap vardı. Ama onun rengi yeşildi. Böyle bir kap kullanırsam ağacın üzerindeyken yemeğimi ısıtmak konusunda endişe duymama gerek kalmaz. Ama babamınkini alamam çünkü iş yerinde ona ihtiyacı var. Tombik'in kabını almalıyım. Aslında bunu yapacağım için üzülüyorum çünkü o çok zengin değil. Belki de böylelikle yemek saati dışında bir şeyler yemeye bir son verir. Öğretmen hâlâ sorunu çözmeye çalışıyordu ve bu iyi bir şeydi. Ben de bu sırada kitabımın arasına sakladığım ve üzerinde yaptığım listenin yazılı olduğu kâğıdı çıkarıp sabah aklıma gelen her şeyi yazmaya karar verdim.

Eve gitmek için eşyalarımızı topluyorduk. O sırada biri kapıyı çaldı. Estella bir duyuru yapmak için gelmişti.

Geçen ay okulda olmadığı gün nereye gittiğini bana söylemek istememişti. "İlgini çekecek bir yer değil," diyerek geçiştirmiş, sonra ona baktığımı görünce eklemişti. "Dişçiye gittim. Çok fazla cips yediğim için."

Bu beni güldürdü ve ikimiz bir kez gülmeye başladık mı tekrar ciddi konulara dönmek mümkün değil.

"Çocuklar, bir dakika dinleyin, lütfen. Gezi için duyuru yapılıyor. Yola çıkmak üzere hareket edeceğimiz yeri ve saati defterlerinize yazın."

Önümüzdeki hafta kayak gezisine gideceğimizi unutmuştum. Bu benim için bir fırsat olabilirdi çünkü oraya giden herkes yanında işime yarayacak eşyalar getirecekti. Robin Hood gibi maceraya atılacağım için öyle heyecanlandım ki öğretmenin söylediklerini defterin bir sayfasına öylece karaladım. Estella, öğretmenin duyuruya imza atmasını beklerken bana bakıp kafasını sağa sola salladı. Sonra sırama doğru eğilip fısıldadı. "Dersten sonra yanıma gel de duyuruyu defterine yapıştırayım."

Ve Estella'nın yanına gittim. Genellikle yüzünü asardı. Bazen beni bir çorap gibi buruşturmak ve çamaşır makinesine atıp çevirmek istiyormuş gibi gözüküyordu ama ben yine de onun yanına gidiyordum. Belki de onun yanında olmak istememin asıl sebebi budur. Estella hiçbir zaman olduğundan farklı davranmıyor. Annemle babam bunu yapıyor. Öğretmenler ve diğer çocuklar da aynı şeyi yapıyor. Sadece Estella ve Ottimo Turcaret dürüst davranıyor ve bu benim için önemli. Belki de sadece bana hikâye anlattığı için Estella'nın yanında olmak hoşuma gidiyordur.

Bu ay *Çocuk Kalbi* isimli bir kitap okuyoruz. Estella onun biraz fazla duygusal olduğunu düşünse de ben Garrone'ye bayılıyorum. Özellikle de başkasının suçunu üstlendiği ama gözlerine bakınca öğretmenin bunu hemen anladığı zamanlar çok hoşuma gidiyor. Öğretmen ona, *Bunu yapan sen değildin*, dediğinde üzülerek sırasına dönüyor ama aslında harika bir şey yapıyor.

Çantamı temizlik görevlilerinin odasındaki masanın altına koyup dönen sandalyeye oturdum. Kendimi döndürmek için ellerimi masaya uzattım ve parmağımın ucuyla Çocuk *Kalbi*'ne dokunup onu elime aldım. Sandalyede dönerken onu gözlerime yaklaştırdım. Etrafta duyurunun fotokopisini çeken Estella dışında kimse olmadığı için önlüğümün cebinden büyüteci çıkardım ve yazarın adını okudum: Edmondo De Amicis. İtalyan. Adını unutmuştum.

Estella, çantamı karıştırarak defteri buldu, doğru sayfayı açtı ve bir yapıştırıcıyla birlikte onu önüme koydu. "Al, sen yapıştır. Nasıl yapılacağını biliyorsun."

Yapıştırıcıyı kâğıda sürmeye başladım. Bir yandan da gözlüğümün ardından ona bakıyordum. "Estella, Romanya'da yazarlar yok mu?"

"Romanyalı yazarlar mı? Elbette var. Neden olmasın ki?"

"Çünkü hiç Romanyalı yazarların hikâyelerini okumadık."

Pembe ruj sürdüğü dudaklarında bir gülümseme belirdi. Temizlik görevlilerinin odasına geldiğim için mutlu olmuştum. "Dünyadaki en ünlü Rumen hikâyesinin hangisi olduğunu biliyor musun: *Drakula*."

Üzerinden hızla yere atladığım sandalye hâlâ dönmeye devam ediyordu. "Drakula mı? Drakula Rumen mi? Ben onun İngiliz olduğunu sanıyordum!"

Estella oturup ellerini dizlerinin üzerinde kavuşturdu. Yüzünde beni ürperten ama tatlı, yaramaz bir ifade vardı. Korku hikâyelerini çok severim.

"İngiliz değil, Transilvanyalı. Adı, *şeytanın oğlu* anlamına geliyor. Onun hikâyelerini küçükken bana büyükannem anlatırdı. Korkudan ölürdüm ama güzeldi."

Önüne gelip yere çömeldim. Gülmeye başladı. "Estella, sana yalvarıyorum, bana büyükannenin hikâyelerinden birini anlatır mısın? Ne olur! Ne olur!"

"Sen de mi korkunç hikâyeleri seviyorsun?"

"Evet!"

"Neden?"

"Bilmem. Sen neden seviyordun?"

"Çünkü korktuğum zaman yaşadığımın farkına varıyordum."

"Ben de öyle," diye atıldım ama bunun ne demek olduğunu hiç anlamamıştım.

Ama okulda Estella'nın yanında kalmaya devam edemezdim. Pencereden dışarı bakınca annemin arabasını gördü. Çantamı bana verdi. "Bugün vaktimiz kalmadı. Başka zaman. Mafalda, bir dakika..."

Kapıda durduk. Estella elimi tutuyordu. "Senin için vazgeçilmez olan şeyin ne olduğunu buldun mu, diye soracaktım."

Kafamı önüme eğdim. Onun da gözlerime bakmak için eğildiğini hissediyordum. "Bunun üzerinde düşünmelisin. Bu çok önemli."

"Tamam. Daha sonra söylesem olur mu?"

Merdivenlerden indik. Bahçe kapısının arkasında annemin kırmızı bir bulut gibi gözüken arabasını gördüm. Estella elimi bıraktı. "Tabii ki daha sonra söyleyebilirsin. Karar vermek için hâlâ iki üç ayın var."

Arabaya bindim. Annem bir sürü şey anlatmaya başladı ama ben Estella'nın söylediklerini düşünüyordum. Çok fazla vaktim olmadığı doğruydu. Ama bu doğru olsa bile ve Estella'nın her zaman bana doğruları söylemesi benim için çok önemli olsa bile bazen bu kadar dürüst olmamasını istiyordum.

Yine de haklıydı. Fazla vaktim yoktu.

Babam evdeydi. Öğle yemeği için gelmişti ama gelişinin başka bir sebebi daha vardı. "Sana bir sürprizimiz var," diyerek ve gülümseyerek bana sarılmaya başladılar. Ottimo Turcaret'i yakalayıp ağzına biraz ton balığı verdim. Ben ton balığını hiç sevmem. Babam böyle yaptığımı görünce gülmeyi bırakarak beni azarladı. En sevdiği kitabı uzun bir süredir okumadığını düşünüyordum çünkü yakın bir zamanda onu okumuş olsaydı çocukları sevmedikleri şeyleri yemeye zorlamaması gerektiğini, böyle davranacak olursa sümüklü böcek yemek istemeyen Cosimo'nun yaptığı gibi herkesin ağaçta yaşamaya başlayacağını hatırlayabilirdi. Ağzıma bir parça ton balığı koydum ve onu ağzımda tutarak babama baktım. Uzun saniyeler boyunca baktığım her şeyde olduğu gibi babamın kafasını çevreleyen hatları bulanık görüyordum. Başında her zamanki saçları yerine kıvırcık, uzun bir peruk olduğunu hayal ettim. İçimden gülmek geliyordu. Sonra babamla Cosimo'nun babası olan baronun birbirine çok benzediğini düşündüm.

Bir an önce ödevlerimi yapmak istiyordum. Böylece kiraz ağacına kaçmakla ilgili gizli planımla ilgilenebilirdim. Ama annem banyodan seslendi, saçlarımı toplayıp ördü ve bir yere gitmemiz gerektiğini söyledi.

Beni yeni evi görmeye götürdüler. Bizim evimizden daha küçüktü. Birinci kattaydı, minik bir bahçesi vardı ve (tıpkı babamın istediği gibi) merdivenleri yoktu. Bana vermek istediklerini tahmin ettiğim küçük odanın camından dışarı baktım. Başka bir evin duvarı gözüküyordu. Mutfak çok güzeldi. Her yer pırıl pırıldı ve içeride yeni bir fırınla bulaşık makinesi vardı. Ama yukarıda oturanların ayak sesleri duyuluyordu ve apartmanın kapısında kocaman bir tabela asılıydı. Üzerinde EVCİL HAYVAN GİREMEZ yazıyordu.

Eve dönerken annemle babam durmadan ev hakkında ne düşündüğümü soruyorlardı ama ben hiçbir şey söylemedim. Artık mümkün olan en kısa sürede evden kaçmanın yollarını düşünüyordum. Babam koridordan seslenip hoşça kal diyerek işe geri döndü. Ben de ona güle güle demek için dışarı çıktıktan sonra yeniden odama girdim. Andrea'nın İngiltere'den dönerken bana getirdiği ve üzerinde Beatles grubunun resimleri olan DO NOT DISTURB yazısını kapının koluna astım. Sınıfta yaptığım gibi etrafıma baktım. Ottimo Turcaret, büyükannemin yatağımın üzerine serdiğim battaniyesinin üzerinde uyuyordu. Aslında uyumuyordu çünkü ona baktığımda kafasını kaldırdı ve her zamanki gibi mırlayarak onu okşamamı bekledi. Ona bakarken annemle babamın küçükken bana okuduğu kitaptaki bir resmi hatırladım. Evlerinden kaçan iki çocuk bir sala binmişti. Bir sopaya astıkları bohçalarını valiz gibi kullanıyorlardı. Büyükannemin battaniyesini bohça gibi kullanabilirdim.

"Aferin, Ottimo Turcaret!"

Kedinin altından battaniyeyi aldım. Neredeyse onu yataktan düşürecektim ama tırnaklarıyla yorgana tutunarak öfkeyle hırladı. Battaniyeyi alıp yere serdim. Düğüm atılacak kadar hafif, içinde eşya taşınabilecek kadar sağlamdı. Birkaç eşyayı alıp battaniyenin ortasına koymaya başladım. Şimdilik onu yatağın altına saklayacaktım böylece ilk fırsatta, yani hazırlıklarımı tamamladığımda bir düğüm atıp onu bağlayacak ve yaptığım bohçayı okul çantama koyacaktım. Sopa kullanmak da güzel olabilirdi ama bunu yapacak olursam beni hemen yakalarlardı. Kim omzunda bir sopayla etrafta dolaşır ki? Okula gidiyormuş gibi yapabilir, kitapların yerine çantama ağaçta yaşamak için gerekli olan eşyaları koyabilirdim. Mükemmel bir plandı. Aynaya bakıp baş parmağımı kaldırarak tamam işareti yaptım. Ama karşımda sadece hareket eden bir şey gördüm. Kendimi çok uzaktan görüyordum.

Yatağın altındaki kutudan günlüğümü çıkardım ve ikinci sayfayı açtım.

Büyüyünce nasıl bir yüzüm olacağını görmek

Yine gözlüğümün camları buğulandı. Önümdeki, etrafımdaki ve içimdeki her şey bulutlarla kaplanmadan önce yazının üzerine bir çizgi çekmeyi başardım.

Cosimo, neden bana yardım etmiyorsun?

Seninle ve büyükannemle ağaçta yaşamanın bir yolunu buldum galiba, ama sana daha önce bahsettiğim yardıma ihtiyacım var, onu hatırlıyor musun? Sen ağaçların üzerinde seyahat ederek İspanyolların köyüne kadar gitmiştin. Ben bunu nasıl yapabilirim? Burada Ombrosa'daki kadar ağaç yok ki. Ben her şeyi tek başıma düşünmek zorundayım. Doğum günüm yaklaşıyor. Kiraz ağacında yaşıyor olsam vereceğim partiyi şimdiden hayal edebiliyorum. Dallarda asılı bütün o süsler, büyükannemin reçelli tartı, yüzüne değiyormuş gibi ve kalbini patlatacakmış gibi bir his veren yüksek sesli müzik...

Böyle bir parti düzenlemek için bana yardım eder misin, Cosimo?

13

Siyah zeytin yemek,

Bir müzik grubunda şarkı söylemek

Müzik okulunda bugün yarıyıl gösterisi var. Ben de kuzenim Andrea ve onun gitar çalan öğrencilerini dinlemeye geldim.

Müziği çok seviyorum çünkü müzik dinlerken görmem gereken bir şey yok. Annem bir enstrüman çalmayı öğrenmemi istiyordu ama ben bunu hiç istemedim. Özellikle de gözlerim sisle kaplanmaya başladığından beri. Notaları okuyamıyorum. Siyah bir çizgi üzerinde hiç hareket etmeden duran karıncalara benziyorlar.

Ama müzik dinlemeyi seviyorum. Gösteri salonundaki ışıkları söndürdüklerinde gözlerimi kapadım ve gitarın, kemanın, piyanonun sesini dinledim. Müziği tenimde hissettim. Bir yaz mevsiminde, insanın başına kötü şeylerin gelmeyeceği akşam vakti, saat beşte, ıslak kumların üzerinde yavaş yavaş yürüyormuş gibiydim.

"Bahçede sohbet ettiğin çocuk burada."

Annem sahneyi işaret ediyordu. Daha iyi görebilmek için oturduğum koltukta biraz doğruldum.

"Kim? Nerede?"

"Kadın bisikletine binen şu çocuk. Küçük piyanistlerin arasında."

Filippo? Küçük piyanistlerin arasında? O olamaz. Herhalde annemin gözleri de benimkiler gibi sisle kaplanmıştı.

Alkışlardan sonra konser başladı.

Önce anasınıfı öğrencilerinden oluşan bir koro şarkı söyledi. Sonra kemanlar çaldı. İşkence gibiydi.

"Bak, işte orada. İsmi ne demiştin?"

Sahnede yürüyen birini gördüm. Ortaya gelip büyük ışığın altında durdu ve sonra kocaman siyah bir piyanonun başına oturdu.

"Filippo."

"Ah, tamam. Ceketinin üzerinde de yazıyor zaten."

Demek gerçekten oydu.

Salonda bir sessizlik oldu ve Filippo çalmaya başladı. Zor bir parça olmalıydı çünkü çok uzun sürdü. Çalarken parmaklarını görmek isterdim. Bu güzel şarkı içime doluyor, sanki bir arkadaşımmış gibi ellerimden tutarak onunla koşmamı istiyordu.

Piyanonun uzayıp giden ve bir kumsala dönüşen tuşlarının üzerinde hiç durmadan koşuyordum. Her nota bir dalgaya dönüşürken ben de dalgaların içine dalıp çıkan bir yunusa dönüşüp özgürleşiyordum. Müzik, denizi harekete geçiriyor, ona istediğini yaptırıyordu. Ve pırıltılı damlalardan oluşan bu denizin içinde küçükken kullanmak istediğim denizaltıyı görüyordum. Küçükken bana büyüyünce ne olmak istediğimi sorduklarında denizaltı kaptanı olmak istediğimi söylerdim. Gözlerimi açtığımda denizdeki rengarenk çiçekler ve şamandıralar tavana kadar tüm salonu doldurmuştu. Sonra sesler müzik çalarda kitap okuyan adamın sesi gibi azaldı ve deniz, önce berrak, küçük damlalara sonra da yüzümde minik, mavi gözyaşlarına dönüşerek elbisemin yakasına döküldü.

Filippo parçayı bitirdiğinde salonda büyük bir sessizlik oldu. Sessizlik duyulabiliyordu. Sonra herkes koltukları titretecek kadar büyük bir kuvvetle alkışlamaya başladı. Filippo sahnenin önüne gelerek dinleyicileri selamlamadı ve seyircilerden bazıları tekrar çalmasını istese de hızla oradan ayrıldı. Arkasından gitarlarıyla birlikte ortaokul öğrencileri geldi. Andrea çocukları sahnedeki yerlerine yerleştiriyordu. Ama Filippo'nun çaldığı müzik aklımdan çıkmıyordu. Hangisi beni daha çok şaşırtmıştı bilmiyorum: Bu şarkıyı Filippo'nun çalması mı, yoksa dünyada insanı ağlatacak kadar güzel şarkılar olması mı?

Gösteriden sonra yiyecek içecek servisi yapıldı. Annem ve babam Andrea'ya övgüler yağdırıyor, sandviçlerin servis edildiği masanın yanında kuzenimle ve Ravina'yla sohbet ediyorlardı.

"Piyanoyu görmeye gidebilir miyim?"

Babam önce hayır dedi ama annem hafifçe koluna dokundu: "Giovanni." Böylelikle tek başıma dolaşmak için yanlarından biraz uzaklaşabildim. Konser salonuna girdim. İçerisi boştu ve ışıklar kapalıydı. Sadece piyanoyu aydınlatan bir ışık vardı.

"Onu şimdi götürüyorlar," dedi biri. Ön sıradaki koltuklardan birinde oturuyordu. Onu görmemiştim.

"Orada olduğunu bilmiyordum."

Filippo ayağa kalktı. "Biliyorum. Seni korkuttum mu?"

Yanına gittim. "Hayır. Neyi götürüyorlar?"

"Piyanoyu."

Filippo bileğimden tutup beni sahneye çıkardı. Birlikte piyanonun taburesine oturduk. "Okul bu kadar büyük bir piyanoyu satın alamadığı için gösteri yaptığımızda zengin bir adam bize kendi piyanosunu ödünç veriyor."

"Çok güzel çalıyorsun. Piyano çaldığını bilmiyordum."

"Çünkü hiç kimseye söylemiyorum. Çalmamı babam istiyor, bu yüzden pek başarılı değilim."

Hiçbir şey söylemedim. Filippo parmaklarını siyah beyaz tuşların üzerinde gezdirdi.

"Zaten bugün beni dinlemeye bile gelmedi."

"Bunun sebebi başarılı olmaman değil."

"Sen nereden biliyorsun ki?"

Onu kızdırmıştım. Kendimi affettirmek istedim. "Benim için bir şey daha çalar mısın? İlk şarkıyı."

"Hayır." Filippo piyanonun kapağını kapadı. "Duymadın mı? Piyano çalmak istemiyorum. Beni buna zorluyorlar."

"Çalmak istediğin hiçbir şey yok mu?"

Filippo durup biraz düşündü. "Kendi kendime öğrendiğim modern bir şarkı var ama daha önce çaldığım şarkıya benzemiyor."

"Hadi, çal onu."

"Ama hatırlayabileceğimden pek emin değilim. Notaları yanımda değil."

"Sadece çalmaya başla."

Filippo hafifçe oflayarak ellerini tuşların üzerine koydu ama hemen çalmaya başlamadı. Önce bana doğru döndü. Ben de ona baktım. Ona tam ne olduğunu sormak üzereyken ellerimi tutup onları açarak piyanonun üzerine, notaların durduğu yere koydu.

"Ama neden?"

"Ellerini orada tut."

Ve sonra babamın CD'lerinden birinde sıklıkla duyduğum bir şarkıyı çalmaya başladı. Şarkı, sarı bir denizaltından bahsediyordu. Çok tuhaftı. Müziği kulaklarımda duymadan önce onu parmaklarımın altında duran sert ve parlak piyano tuşlarının yüzeyinde hissetmiştim. Müzik avuçlarımdan zihnime ulaşıyordu. Filippo'nun parmaklarından yayılan notaların etrafımda hareket ettiğini, sonra piyanonun üzerine çıktıklarını hissettim. Avuçlarımı gıdıklıyorlardı. Müzik yükseliyor, kollarıma sarılıyordu. Filippo şarkıyı neşeyle çalıyordu. Kendimi nakaratı söylemekten, gülerek taburenin üzerinde sallanmaktan alıkoyamıyordum. Şarkıyı çaldığı süre boyunca onun da yüzünde bir gülümseme vardı. Çalmayı bitirdiğinde ikimiz de piyanodan ellerimizi çektik.

Onu alkışladım. "Çok güzeldi!"

"İstersen sana öğretebilirim."

O an bütün neşem yok oldu. "Ben notaları okuyamam ki."

"Fark etmez. Ben de notalar olmadan çaldım."

"Belki başka sefere."

"Söz mü?"

Yüzümün kızardığını hissettim. "Sadece sen sevdiğin modern şarkıları çalmaya devam edersen."

"Tamam. Anlaştık." El sıkıştık. Ben Filippo'nun elini fazla sıkmamaya çalıştım çünkü bir müzisyenin ellerine zarar vermek istemiyordum.

Yiyecek içecek servisi bitmek üzereydi. Büyükler gösteri salonundan ayrılmak için paltolarını giyiyorlardı. Annemle babam siyah saçlı genç bir kadında konuşuyordu.

"Anne!" Filippo kadına doğru koşarak ona sarıldı. Boyu neredeyse annesi kadar uzundu.

"Biz de sizden bahsediyorduk," dedi babam. Büyüklerin bunu yapmasından nefret ediyorum çünkü daha sonra ne konuştuklarını asla söylemiyorlar.

"Anne, bize gelebilirler mi?" diye sordu Filippo. Kadının ay gibi yuvarlak, aydınlık bir yüzü ve iri gözleri vardı.

"Elbette, gelebilirler. Gidip bir şeyler yiyelim mi?"

Babam montunu giydi. "Pizza sipariş edebiliriz. Ne dersin, Mafalda?"

"Harika olur! Her zaman pizza yiyebilirim."

"Özellikle de sosisli pizza," diye ekledi Filippo.

"Evet, özellikle de sosisli pizza."

Filippo'nun evi, üzerine istediğini yazdırabildiğin tişörtlerin satıldığı bir mağazanın üzerindeydi. Annesi orada çalışıyordu. İsminin yazılı olduğu bir ceketinin olmasının sebebi buydu. Mağazada sadece tişörtlerin üzerine değil, yastıkların, masa örtülerinin, havluların üzerine de istediğin her şeyi bastırabiliyorsun. Böyle bir yerde çalışmak harika olmalı! Filippo bir gün beni mağazaya götüreceğini ve baskı makinelerini sadece benim için çalıştıracağını söyledi.

Arabadayken annesi, mağazadaki işe oturdukları daireye taşındıklarında başladığını ama artık işlerin pek iyi gitmediğini anlattı. Bugünlerde kimse tişört bastırmıyor, internetten sipariş ediyordu.

“Büyüyünce bilgisayarcı olacağım ve internette tişört baskısı yapabileceğin bir internet sitesi kuracağım,” dedi Filippo.

Annesi hafifçe yanağını okşadı. Üçümüz babamın arabasında arkada oturuyorduk. Filippo ortadaydı, biz de camların olduğu tarafta sıkışmıştık.

“Ya da sana bir parfüm mağazası açacağım,” diye devam etti. “Hep hayal ettiğin gibi!”

“Bu doğru mu, Cristina?” dedi annem. Başını arkaya doğru çevirdi. “Bu arada parfümün harika kokuyor.”

Annem haklıydı. Parfümü fındık ve karamel kokuyordu. Gerçekten çok güzeldi.

“Bu parfümü ben hazırladım. Eve gidince sana gösteririm.”

Daireleri birinci kattaydı. Filippo ve annesi, Cristina yalnız yaşıyordu. Bir kedileri bile yoktu. Filippo fısıldayarak annesinin bitkilerle, en çok da balkondaki sardunyalarla konuştuğunu söyledi. “Onlar benim diğer çocuklarım!” dedi annesi neşeyle. Bana kalırsa o çok tatlı bir kadındı, ama biraz deliydi.

Bence annem de benim gibi düşünüyordu çünkü onunla konuşurken çok gülüyordu. Uzun süredir onu böyle gülerken görmemiştim. Masayı hazırlamak için Filippo’nun annesine yardım etti. Babam pizza siparişi vermek için telefon ederken Filippo da bana odasını gösterdi. Küçük bir odaydı ve *Transformers* oyuncaklarıyla doluydu. Her yerde onlardan olduğunu biliyordum çünkü içeri girer girmez birinin üzerine bastım. Onu yerden alıp koyacak bir yer bulmaya çalıştım. Sonra bütün rafların onlarla dolu olduğunu fark ettim. "Vay canına, ne kadar güzel."

"Babam bana sürekli bu oyuncakları hediye ediyor. Onlardan nefret ediyorum."

"Sahip olduğun şeylerden nefret ettiğini söylememelisin."

Filippo yatağının üzerine atlayıp ayakkabılarını yere attıktan sonra küçük bir rafın üzerinde duran minik televizyonu açtı. "Ama sen de bana yılbaşından nefret ettiğini söylemiştin."

"Doğru. Her şeyi böyle hatırlar mısın?"

"Her şeyi değil. Hatta son birkaç aydır bazı şeyleri hatırlamamaya çalışıyorum. Gelsene."

Ben de ayakkabılarımı çıkardım ve yanına oturdum. Televizyonda piyano çalınıyordu. Bu şarkıyı biliyordum. Filippo'nun daha önce çaldığı, sarı denizaltıdan bahseden şarkıydı. "Hadi, söyleyelim!" diyerek yatağın üzerinde zıplamaya başladı. Beni güldürmüştü. Herhalde *karaoke* gibi bir oyundu. Şarkının ekranda yazan sözlerini okuyamasam da yatağın üzerinde zıplayarak sözlerin hatırladığım kadarını söylemeye başladım.

"*Biz hep birlikte bir denizaltında yaşıyoruuuzzz...*"

Ayakkabıları mikrofon gibi kullanarak her seferinde şarkıyı daha yüksek sesle söylüyorduk. Gözlüğüm düşmüştü ama şarkı bitene kadar onu söylemeye devam ettik. Sonra zıplayıp yatağın kenarından aşağı atladık ve yerde uzanıp nefesimizin normale dönmesini bekledik.

Biraz süre sonra Filippo dönüp bana baktı. Yüzü yüzüme yakındı ama gözlük olmadan uzakta gibi gözüküyordu. Kocaman gri bir bulut neredeyse her şeyi kaplamıştı. Onun da gözlerimdeki bulutu görüp görmediğini merak ettim.

"Gözlerim ne renk?"

"Kahverengi. Neden sordun?"

"Gözümde bir şey görüyor musun?"

Bir süre sessiz kaldı. Sanırım gözbebeklerime bakıyordu. "Hayır, hiçbir şey gözükmüyor. Sadece..."

Al işte, biliyordum. Gözlerimdeki sisi görmüştü.

"...sadece yeşil ve sarı renkli bir sürü çizgi var. Mantarlarla dolu bir ormana benziyor."

Çok büyük bir iltifat sayılmazdı ama ağaçları seviyordum. En azından Stargardt sisinden daha iyiydi.

"Neden sordun, ne göreceğimi sanıyordun ki?"

Çoraplarıma, daha doğrusu çoraplarımın olduğu yere baktım. "Hiç. Bazen insanların gözümdeki sisi gördüğünü sanıyorum."

"Gözündeki sis mi? Bu da ne demek?"

Söylediğim şey Filippo'nun ilgisini çekmişti. Bağdaş kurup karşıma oturdu. Bana çok yakından bakıyordu.

"Kes şunu." Onu geriye doğru itince gülüp daha da yakına geldi. Ofladım. "Gülmeyeceğine söz verirsen söylerim."

"Anlaştık."

"Benim gözlerimin içinde bazı lekeler var ve onlar gitgide büyüyor..."

"Çok mu var?"

"Hayır. İki tane. İki gözümde birer tane."

"Peki onlar hep orada mı duruyor?"

"Başlangıçta öyle değildi ama artık çok büyüdükleri için onları hep görüyorum. Etraftaki şeyleri görmemi engelliyorlar ve yorgun olduğumda daha da koyulaşıyorlar."

"Anladım. Peki onları yok edemiyorlar mı?"

"Hayır."

"Peki ya sis?"

"Sis, lekelerle birlikte geliyor. O varken sadece lekelerin olduğu yerler değil her şey sisle kaplanıyor."

"Peki, korkmuyor musun?"

Hiçbir şey söylemedim. Filippo ayağa kalktı ve bana daha önce müzik dersi alıp almadığımı sordu.

"Hayır. Neden sordun?"

"İyi şarkı söylüyorsun."

"Bu doğru değil."

"Gerçekten. Bir notayı bile kaçırmadın. Hadi gel."

Dolabından bir şey aldı. Bir gitar. Onu kutusundan çıkarıp yatağa oturdu ve tellerine dokunmaya başladı.

"Gitar çalmayı da mı biliyorsun?"

Cevap vermedi. Bir nota çaldı. "Bu bir *Do*. Tekrar et."

"Bu bir *Do*."

"Hayır!" diyerek gülmeye başladı. "Notayı tekrar et. Sesinle. Söyleyerek. Yani şöyle." Tellerin üzerinde parmaklarını gezdirerek notayı okudu: "*Dooo*..."

Utanmıştım ama ben de aynısı yaptım.

"Gördün mü? Çok iyi söylüyorsun. Bu da bir *Re*. *Reee*..."

Tekrar ettim.

"Doğal bir yeteneğin var. Çok şanslısın."

Neşeyle gülümsedim. İnsanın görmeden yapabildiği bir şey için kendini şanslı hissetmesi tuhaftı. Şarkı söylemek için gözlerime ihtiyacım yoktu. Gözlüğüme de.

Babam kapıdan başını uzatarak bizi içeri çağırdı. Pizza gelmişti. Filippo koşarak koridora çıkınca onu geçmek için arkasından koştum. Mutfağa daha önce varmak için birbirimizi itip çekiştiriyorduk.

Masaya oturduğumuzda annem saçlarımı omuzlarımın arkasına attı. "Gözlüğün nerede, Mafalda?"

Gözlüğümün düştüğünü, onu hiç aramadığımı, hatta onun aklıma bile gelmediğini söylemek üzereydim ama Filippo benim yerime cevap verdi. "Şarkı söylüyorduk. Ona ihtiyacı yoktu."

Babam sosisli pizzadan tabağıma bir parça koydu. "Onu sonra ararız ama unutmayalım, olur mu?"

Kimse kızmış gibi gözükmüyordu. Filippo'nun annesine hoş gözükmek için kâğıt peçeteyi dizlerimin üzerine serdim, çatal ve bıçak kullanarak pizzamı kesmeye başladım.

"Siyah zeytin ister misin?" diye sordu Filippo. "Ben sevmiyorum. Yanlışlıkla benim tabağıma gelmiş."

Gözlüğüm olmadan zeytini nasıl bulacağım konusunda endişelenmek zorunda kalmadım, çünkü Filippo onu hemen ağzıma koydu. Her zaman görgülü davranışları olmasa da bir çok soruna çözüm bulabiliyordu. Aklıma *Ağaca Tüneyen Baron*'da Cosimo ve İspanyol kızın ağaçtayken birlikte geçirdiği, her şeyin kolay ve güzel gözüktüğü zamanları anlatan bölüm geldi. İspanyol kız, adı Viola olan diğer kız gibi Cosimo'yu sinir etmiyordu. Belki de aşkla arkadaşlık arasındaki fark budur. Arkadaşlık kolay ama aşk, tıpkı gözlerimi kaplayan sis gibi işleri karıştırıyor.

Pizzadan sonra annemle Filippo'nun annesi paltolarını giyip tatlı almak için pastaneye gitti. Babam bizimle ilgilenmek için evde kalmıştı. Aslında bizimle ilgilenmiyordu, mutfaktaki divanda oturmuştu ve televizyondaki komedi programını izliyordu.

Biraz zaman geçtikten sonra Filippo annesinin konuştuğu kurumuş sardunyaları göstermek için balkona çıkmak istedi ama babam bize engel oldu. "Önce üzerinize bir şey giyin!"

Ben şişme montumu giydim. Filippo her zamanki gibi arkasında isminin yazılı olduğu mavi ceketini giymek üzereydi ama babam ona engel oldu. "Daha kalın bir şey giymelisin. Dışarısı çok soğuk."

Filippo bir şey söylemedi. Bu defa da ben onun yerine cevap verdim. "Baba, biliyor musun, geçenlerde Filippo'nun doğum günüymüş."

"Ah, öyle mi? Geçmiş doğum günün kutlu olsun."

"Evet. Ve ben ona bir hediye almadım çünkü doğum günü için bir parti yapmadı."

Filippo, *Ne yapmaya çalışıyorsun?* demek ister gibi bacağıma vurdu.

"İş için daha soğuk yerlere gitmen gerektiğinde yanında bulunsun diye bagaja koyduğun şu montu hatırlıyor musun? Hani şu pek hoşlanmadığın mont."

Hadi baba, aklımı oku! Ne demek istediğimi anlamıyor musun?

"Şu yeşil ve mor olan mı?"

"Evet, o. Belki Filippo'ya olur."

Babam bir süre sessiz kaldıktan sonra heyecanla bağırdı. "Ah evet, mükemmel bir doğum günü hediyesi! Aslında onu beğenmediğim için değil, Filippo, ama ben o montu hiç kullanmadım ve bir süredir onu birine vermeyi düşünüyordum." Babam arabanın anahtarlarını alıp evin kapısını açtı. "Onu yeğenime hediye etmeyi düşünüyordum ama sen daha önce geldin... Dur, gidip onu getireyim," dedi ve dışarı çıkıp kapıyı kapadı.

Bu davranışımın Filippo'yu rahatsız edip etmediğini düşünüyordum. O sırada sıkıca bileğimden tuttu ve beni bir odaya götürdü. Banyoya geldiğimizi anladım. İçerisi bembeyazdı ve limon kokuyordu. Bir şeyleri karıştırdığını duydum. Bir süre sonra elime bir cam şişe verdi.

"Bu ne?"

"Kokla."

Şişeyi burnuma yaklaştırdım. Mavi çiçek... Büyükannem onlara *Unutmabeni çiçeği* derdi. Bahar mevsiminde oturduğumuz binanın bahçesi bu çiçeklerle dolar. Gözlerim acımaya başladı. Göz kapaklarımı birkaç kez kırptım. Parfüm gözlerimi yakmıştı.

"Çok güzel. Annen mi yaptı?"

"Evet. Sana hediye ediyorum. Montun karşılığında."

Bir süre hiç kıpırdamadan bu güzel kokuyu içime çektim. Gözlerim de artık alışmıştı. "Annen kızmaz mı?"

"Umurunda olmaz. Her ay bunlardan bir sürü yapıyor. Fark etmeyecektir bile."

"Tamam o zaman. Teşekkürler. Şey..."

Bunu ona sormak zorundaydım.

"Benim arkadaşım olmak istiyorsun, değil mi?"

"Tabii ki. Neden soruyorsun?" dedi ve parfümlerin olduğu çekmeceyi kapattı.

"Peki, benimle neden arkadaş olmak istiyorsun?"

Filippo uzanıp elimdeki parfümü üzerime sıktı. Sonra da bağırarak odasına koştu. "Çünkü böylece büyüyünce bir müzik grubu kurabiliriz! Ben çalarım sen de şarkı söylersin!"

Gülerek arkasından gittim. Bence bu harika bir fikirdi.

Yatağımdayım ve Ottimo Turcaret ayaklarımın üzerinde yatıyor. Bu akşam onu okşamama izin vermedi çünkü duş aldıktan sonra bile üzerimden gitmeyen yeni parfümün kokusunu aldı. İnternette nasıl şarkıcı olunacağını araştırmak için babamdan telefonunu ödünç aldım. Telefondaki ses, şarkıcı olmak için gerekli en az on beş adım olduğunu söylüyordu ama onların hangileri olduğunu anlamadım. Kahretsin. Bütün bunları nasıl yapabilirim ki? Nasıl o kadar çok yere gidebilirim? Dün akşam *Ağaca Tüneyen Baron*'un bir bölümünü dinledim. Roma'dan ayrılan bir maymun, ağaçların üzerinde seyahat ederek İspanya'ya gidiyordu. Şimdiye kadar o ağaçların hepsini kestiklerinden eminim.

Telefondaki ses, şarkıcı olmak isteyen kişinin başka hiç kimsenin sahip olmadığı özel bir şeye sahip olması gerektiğini söylüyor. Artık Filippo'nun bir müzik grubu kurma fikrinin pek de iyi bir fikir olmadığını düşünüyorum. O kadar da özel şeylere sahip değilim. Sadece gri ve kahverengi bir kedim (o çok özel çünkü başka bir yerde bu renkte bir kedi olduğunu sanmıyorum) ve gözlerimdeki sis vardı. Bu da olumsuz bir özellikti. Gözlerimi kırptım. Sonra da günlüğümü yere attım. Dizlerimin üzerine eğilerek sayfaları hızla karıştırdım ve kalemi neredeyse sayfayı yırtacak kadar kuvvetlice bastırarak hızlıca yazdım:

Siyah zeytinleri gerçekten siyah olup olmadıklarını anlayamadığım için yemek

Bir müzik grubunda şarkı söylemek

Yatağa çıktım ve battaniyeyi başıma kadar çektim. Karanlık, kapıları ve pencereleri olmayan bir oda değildi; o bütün siyah zeytinleri ve hayalleri yiyip bitiren bir canavardı.

Cosimo, kar yağıyor ve kış geldiğinde okulun oradaki kiraz ağacında soğuktan ölebileceğimi düşünüyorum.

Sonra senin bunu başarabildiğini, ölmek yerine oradan geçen bir balona bindiğini, kendini denize bırakarak asla, ama asla toprağa ayak basmadığını hatırlıyorum. Ama ben senin yaptığın gibi hayvanları avlayarak onlardan kendime battaniye yapamam. Bu yüzden soğuktan ölmek üzere olduğumu hissedersem ne yapacağımı düşünmem gerekiyor. Bir fikir bulmak için bana yardım eder misin?

Not: Büyükanneme battaniye için teşekkür et. Gelirken onu da yanımda getireceğim.

14

Pencerede ışıkları yakıp söndürerek iyi geceler dilemek, Gökyüzündeki bütün yıldızları saymak

Yardımcı öğretmenimin adı Fernando. Genç ve çok sıkıcı biri.

Sürekli sağdan sola doğru yazılan Çince kitaplar okuyor ve telefonuyla mesaj gönderiyor. Okulda derslerden geri kalmamam için defterime yazdıklarımın doğru olup olmadığını ve altı nokta alfabesini kullanarak yaptığım alıştırmaları kontrol etmesi gerekiyor. Neyse ki bu tür şeylerle pek ilgilenmiyor ve birlikte olduğumuz zamanlarda beni rahat bırakıyor. Sadece yanımızdan başka bir öğretmen geçtiğinde -tıpkı bir robot gibi- harekete geçiyor ve yazarken bana yardım ediyormuş gibi davranıyor.

Bugün o da bizimle birlikte geziye geliyor ama beşinci sınıfa giden ve tekerlekli sandalyede oturan Oscar'la ilgileneceği için benimle ilgilenemeyecek. Bazen kimsenin benim hastalığımı fark etmediğini düşünüyorum. Aslında hepsi Stargardt hastalığım olduğunu biliyor ama, belki de gözümdeki sisi görmedikleri için, bunu unutuyorlar. Çünkü dışarıdan bakıldığında gözlerim normal gözüküyor. Bu durum biraz *deli* olmaya benziyor. Bir deli dışarıdan bakıldığında normal biri gibi gözükür ama birden bağırmaya başlarsa insanlar gerçeği hatırlayıp "Dikkat edin, şu deli!" der. Bir keresinde beden öğretmeni benim için "Zavallı şey, gözleri görmüyor," demişti. O sırada aklımdan bağırmak geçti. Bunu yaparsam deli olduğumu düşünüp saçlarımı karıştırmaya bir son verebilirdi.

Annemle babam otobüste oturduğum yerdeki (yani ön sırada, öğretmenim Fernando'nun yanındaki) cama vurup el sallayarak sanki çok uzun bir yolculuğa çıkıyormuşuz gibi bana veda ediyorlardı. Ben de onlara veda edip hızla diğer tarafa döndüm. Hiç kimsenin annesiyle babası otobüsün yanında değildi. Sınıf arkadaşlarım tabletlerini, kulaklıklarını ve telefonlarını çoktan ellerine almıştı ve anne babalarına el sallamıyorlardı. Sadece Filippo yerinde duramıyordu. Babamın ona verdiği montu giymişti. En arkada oturuyordu ve arkadaşlarıyla şakalaşıyordu. Onların bağırışlarını duydum. "Kapüşonumu çekmeyi bırak! Uyumak istiyorum!"

Uyumak mümkün değildi çünkü yola çıkar çıkmaz öğretmen otobüsün mikrofonunu eline alarak birlikte geçireceğimiz iki günün programını anlatmaya başladı. Bu gece kızlar ve erkekler iki ayrı kulübede kalacaklardı. Yarın organik çiftliği ziyaret edecektik ve öğleden sonra karla kaplı tepeye çıkacaktık. Kaymayı bilenler Fernando'yla ve bana bir keresinde *zavallı şey* diyen öğretmenle birlikte gidecekti. Diğerleri de kızakla kayacaktı. Ben anaokulundayken karda kayabiliyordum. Kaymayı bana kuzenim Andrea öğretmişti ama sonra annemle babam tümsekleri çok iyi göremeyeceğimden ve düşeceğimden korktukları için beni kayak pistine göndermediler. Yani, yeni gözlüğümü taktığımdan beri hiç denememiş olsam da ben de kızakla kayacaktım.

Bir buçuk saattir yoldaydık.

Otobüs çok sesli ve hareketliydi. Filippo ve arkadaşları, içinde ayıp sözler geçen şarkılar söylüyor ve onları durdurmaya çalışan öğretmeni dinlemiyorlardı. İçimden gülmek geldi. Daha önce hiç bu tür şarkılar duymamıştım. Bir erkeğin bu kadar güzel şarkı söylediğini de duymamıştım ama bunu Filippo'ya söyleyip söylememek konusunda kararsızdım. Keskin virajlardan geçiyorduk. Tombik'in midesinin bulandığını duydum. Yolculuklarda hep midesi bulanırdı çünkü çok yiyordu. Otobüste geçirdiğimiz bir buçuk saat boyunca en az üç tane çikolata ambalajı açmış, iki gazoz içmişti. İçecek kutularından gelen *tsss* sesini duymuştum. Arkamızda oturuyordu, bu yüzden öğretmenim Fernando'dan dönüp onu kontrol etmesini istedim. Fernando şoföre hemen durmasını söyledi.

Birinin kafama kâğıttan yapılmış bir top attığını hissettim ve hızla arkama döndüm. Filippo otobüsün koridorunda yürüyerek yanıma geliyordu. Zavallı Tombik'le dalga geçiyordu.

Öfkeyle ona baktım.

"Hasta olan biriyle dalga geçilmeyeceğini bilmiyor musun?"

"Ama bir domuz gibi yedi!"

"E ne olmuş? Şimdi hasta. Ortada gülünecek hiçbir şey yok. Aynı şeyi sana yapsalar hoşuna gider miydi?"

Filippo, Tombik'le birlikte dışarı çıkan Fernando'nun yerine oturdu. Sonra dizlerinin üzerinde koltuğa çıkıp arkasını dönerek herkesten sessiz olmasını istedi. "Yeter artık, gülmeyin. Bir daha gülen olursa aşağı inince ona gününü gösteririm."

Bir daha kimse konuşmadı. Sadece öğretmenlerden biri ona yerine dönmesini söyledi.

Filippo bana doğru eğildi, çabucak ve alçak sesle "Bu akşam yatak seçmenizi istediklerinde cam kenarında olanı seç," dedi.

"Neden?"

"Dediğimi yap. Gece yarısına kadar uyanık kalabilir misin?"

"Tabii ki."

"Gece olduğunda dışarı bak. Bizim kulübeden sana iyi geceler işareti göndereceğim."

"Bunu nasıl yapacaksın?"

"Görürsün."

"Ama ben..."

"Merak etme beni göreceksin. Kimseye bir şey söyleme."

Fernando geri gelip yanıma oturunca koşup otobüsün arkasına kaçtı.

Geleli iki saat oldu. Akşam yemeğinde yahniyle polenta yedikten sonra çantalarımızı kalacağımız yere yerleştirdik. Gece yarısına kadar uyanık kalmam iyi olacak çünkü böylece diğerlerinin çantalarının nerede olduğunu ve içlerinde neler olduğunu öğrenebilirim. Belki bu akşam çantalardan bir şey bile alabilirim. Pencerenin önündeki yatağa yerleştim. İçeriye biraz soğuk hava giriyordu ama sorun değildi. Bulunduğum yerden hem dışarıyı hem de yatakların altını ve diğerlerinin uyku tulumlarını görebiliyordum. Chiara çift kişilik yatağını şişirdi. Öğretmen yatakta Martina'yla birlikte uyumasına izin vermişti. Sınıftaki bütün kızlar etrafına toplanmış, ona yatağın ne kadar büyük olduğu hakkında övgüler yağdırıyordu. Hepsinin o yatakta uyumayı, en azından üzerine çıkıp denemeyi istediğini biliyordum. Hâlâ yakın arkadaş olsaydık Chiara beni seçerdi. Ama bu vazgeçilemeyecek bir şey değildi. Doğru anladıysam, vazgeçilmez olan şeyler insanın hayatta kalmasını sağlayacak kadar önemli olmalı. Chiara'nın yatağı olmadan da yaşayabilirim.

Vazgeçilmez olmasa da şişme yatak kiraz ağacında işime yarayacak. Ama onu akşam alamam, çünkü üzerinde uyuyorlar! Yarın sabahı beklemek zorundayım. Herkes eşyalarını toplayıp kahvaltıya indiğinde hastaymış gibi davranarak yatakhaneye dönebilirim ve Fernando arkamdan gelmezse yatağı alabilirim. Onu saklamak için çantamda yer ayırmıştım. Onu, fermuarla kapanan ve kıyafetler altında kalan boşluğa koyabilirim. Yeni yatağımı ağacın üzerine nasıl yerleştireceğimi bile düşündüm. Kolay olacaktı. Onu ağaçta şişirecektim ve iki dalın arasına koyacaktım. Gerçekten çok rahat olacaktı.

Artık pijamalarımızı giymemiz gerekiyordu. Öğretmenler hepimiz hazırlanıp yataklarımıza yatana kadar yanımızda kaldı. Işıkları söndürerek bir saat sonra dönecekleri konusunda bizi uyardılar. Şimdi yarınki ziyaretlerimiz için bazı belgeleri hazırlamaları gerekiyormuş. Bizim sınıftaki kızlarla beşinci sınıftan birkaç kişi öğretmenler uzaklaşana kadar bekledi. Ben merdivenlerden inen ayak seslerini hâlâ duyuyordum ama kızların hepsi yataklarından çıkıp sohbet etmeye başladı. Büyük olan kızlardan biri kalkıp ışığı açmaya gitti.

Ben de kalktım. Chiara ve Martina yüzüstü yatarak tek bir kulaklıkla bir müzik çalardan Frozen'ın şarkılarını dinliyorlardı. Bunu biliyordum çünkü birlikte kafalarını sallayıp şarkıları kısık sesle söylüyorlardı. Sicilyalı arkadaşım Francesca ranzalardan birinden elini bana doğru uzattı. Elinde içi yumuşak şekerlerle dolu ağzı açılmış bir paket vardı. Birkaç tane alıp ağzıma doldurdum. "*Tefekkürler*."

Ben de biraz müzik dinlemek istiyordum. Yatağımın altındaki çantayı karıştırdım ama ben daha müzik çaları bulamadan az önce odanın ışığını açan kız yanıma gelip yatağa oturdu. Aşağı kattaki öğretmenler duymasın diye parmaklarının ucunda yürümüştü. "Merhaba, senin adın Mafalda, öyle değil mi?"

Yatağın kenarına çekilip yastığa yaslandım ve dizlerime sarıldım. "Evet, neden sordun?"

"Hiç, öylesine."

Uzun boylu bir kızdı. Biraz kırmızıya dönük kahverengi, dağınık ve kıvırcık saçları vardı. Kıyafetleri pijamaya pek benzemiyordu. Üzeri yazılı bir tişört ve mavi bir eşofman altı giyiyordu. İki arkadaşı da arkasından geldi. Biri kızın yanına, diğeri yere oturdu. Gülümseyerek bana bakıyorlardı. "Meşhur Mafalda da bu mu?"

"Evet," dedi kız keyifle.

"Vay canına, demek sensin!"

Anlamamıştım. "Neden meşhur dediniz?"

Beşinci sınıfa giden kızlar birbirlerine baktı. "Aslında sana söylememememiz gerekir..."

"Ama dayanamıyoruz!"

"Ona kim söyleyecek?"

"Ben söyleyeceğim!"

"Hayır, ben!"

"Bence Emilia söylemeli, o *onun* eski sevgilisi," dedi yerde oturan kız.

Emilia'nın kim olduğunu sordum.

İlk gelen kız elimi sıkıp tişörtünü gösterdi. "Ben Emilia, memnun oldum. Filippo'nun eski sevgilisi."

Kafam karışmıştı. Yüzümün kızardığımı hissettim. Ve yine gözlüğümün camları buğulandı. Bu yüzden tişörtte yazılı ismi görmek biraz zamanımı aldı. Üzerinde kızın ismi yazıyordu: *Emilia*. Filippo'nun üzerinde ismi yazan ceketine benziyordu.

Arkadaşları güldü. Neyse ki diğer kızlar kendi işleriyle ilgileniyorlardı.

"Ben Mafalda," diyebildim sadece. Ama bunu zaten biliyorlardı.

"Biliyoruz," diye kahkaha attı yatakta oturan diğer kız. Sanırım bizim evin yakınlarında bir yerde oturuyordu. Adı Giulia'ydı. Kötü biri değildi. Sadece benden ne istediklerini anlamıyordum.

"Evet, evet biliyoruz," dedi Emilia. "Filippo'nun defteri senin adınla dolu: Mafalda şöyle, Mafalda böyle... Hatta ajandasında senin doğum gününün yanında bir kalp bile var."

"Bu doğru değil."

"Tabii ki doğru. Doğum günün 1 Şubat'ta değil mi?"

Kahretsin, demek ki doğruydu. Bir kalp mi? Ama...

"Merak etme, seni kıskanmıyorum," dedi Emilia omzuma dokunarak. "Biz geçen ekimde ayrıldık. Daha doğrusu ben onu terk ettim. Babası bir görünüp bir ortadan kaybolmaya başlayınca buna dayanamadı. Delirmiş gibi davranıyordu. Ben de bu yüzden onu bıraktım."

"Anladım."

"Ondan hoşlanıyor musun?"

Kızlar üzerime geldikçe utanıyor, camdan atlamak istiyordum. "Kimden, Filippo'dan mı? Hayır, kesinlikle hayır!"

Diğer iki kız etrafta zıplayıp ellerini çırpmaya başladı. "Bence ondan hoşlanıyor!"

Emilia elimi tuttu. "Mafalda, onun nasıl biri olduğunu görmüyor musun? Tam bir serseri. Etrafta durmadan bağırıyor ve belki de bu sene sınıfta kalacak."

Ayaklarıma baktım. "Benim gözlerim pek iyi görmüyor. İnsanların onun biraz deli olduğunu söylediğini duydum."

"Biraz mı? Annesiyle babası boşandığından beri iyice zıvanadan çıktı. Eğer gelecekte birlikte olacaksanız dikkatli olmanız gerekiyor!"

Demek annesiyle babasının boşandığı doğruydu. Üçüncü gözüm bu sefer de haklı çıkmıştı.

"Ama ben onunla birlikte olmak istemiyorum ki. Bunun ne demek olduğunu bile bilmiyorum."

"Büyüyünce evlenip aile kurmak, çocuk yapmak," dedi Giulia.

Ranzanın üst katından bizi dinleyen Francesca kafasını aşağıya uzattı. "Siz çocukların nasıl doğduğunu biliyor musunuz?"

Meraklanan birkaç kız kafalarını telefonlardan ve tabletlerden kaldırıp dinlemeye başladı. Emilia cevap verdi: "Biliyorum. Önce karnın ağrıyor, sonra kusuyorsun. Karnın ağrırken bebek büyümeye devam ediyor ve dokuz ay sonra dışarı çıkıyor."

"Nereden?" diye sordu Chiara.

"Göbek deliğinden. Doktorlar göbeğini kesip bebeği dışarı çıkarıyor. Neden bir göbek deliğine sahip olduğumuzu sanıyorsun?"

Hepsi mideleri bulanmış gibi yaparak çığlık attı.

"Peki, bebek insanın karnına nasıl giriyor?" diye sordu Martina endişeyle.

Emilia sakin bir şekilde cevap verdi: "Babanın anneye çok ama çok yaklaşması gerekiyor."

Tam o sırada odaya öğretmen girdi. Aşağıdan bağırışlarımızı duyup hemen uyumamızı söylemek için yukarı çıkmıştı. Bu akşamlık bu kadar sohbetin yeterli olduğunu söyledi.

Tekrar yataklarımıza girdik. Öğretmen uyuduğumuzdan emin olmak için bizimle birlikte uyumaya karar verdi ve eşyalarını alarak üzerini değiştirmek için banyoya gitti. Işıklar sönmüştü. Gözlüğümü çıkarmadan önce perdeyi çekip pencereden dışarı baktım. Gökyüzü çok güzeldi. Siyah ve mavi renklerle kaplıydı ve beyaz noktalarla doluydu. Uzun bir süredir yıldızları görmemiştim. Belki burada onları görebilirdim çünkü bizim eve göre daha yüksekte bir yerdeydik. Demek ki okuldaki kiraz ağacına çıktığımda da onları yeniden görebilecektim. Yani, öyle olmasını umuyordum. Yoksa bu, yıldızları son görüşüm olacaktı.

Gece yarısına kadar gözlerimi açık tutmak çok zordu. Aslında onları çok kısa bir süre kapatmış olabilirim. Karanlıkta ışığı yanan bir saatim var. Büyükanneme aitti ama ağaçta yaşamaya başladığında onu bana verdiler. Saatin kaç olduğunu görmek için onu yüzüme yaklaştırıp düğmesine bastım. On ikiye çeyrek vardı. Diğer öğretmenler de dönmüştü. Bizim odamızda uyuyorlardı. Biri kapının yanındaki bir yatakta yatıyordu ve burnundan sesler çıkarıp horluyordu. Çok komikti. Sınıf arkadaşlarım ve beşinci sınıftaki kızlar hiç kıpırdamadan yatıyorlardı. Her şey gecenin koyu mavi karanlığıyla kaplanmıştı ve insanlarla dolu bir odada olmama rağmen dünyadaki en yalnız çocuk olduğumu hissediyordum. Perdeyi çektim. Buraya geldiğimizde yağan kar durmuştu. Kulübenin etrafındaki çimenler ve tepe maviydi (geceleri kar bu rengi alır). Ay, kocaman bir lamba gibiydi. Etrafta erkeklerin kulübesi dışında pek bir şey olmasa da her yeri aydınlatıyordu. Camlardan birinde yanıp sönen bir ışık gördüm. Uyumadan önce büyükannemle birbirimize gönderdiğimiz iyi geceler işaretlerine benziyordu.

Yatakta hızla doğrulup gözlüğümü burnumun üzerine yerleştirdim. Işık bir süre daha yanıp sönmeye devam etti. Sonra onu bir daha göremedim. Biri sana "iyi geceler" dediğinde, eğer kaba biri değilsen, sen de ona "sana da" demelisin. Ama ona cevap verebilmek için yanımda ne bir fener ne de başka bir ışık vardı. Sonra aklıma büyükannemin saati geldi. Onu kolumdan çıkarıp pencerenin camına dayadım ve birkaç kez düğmesine bastım. Erkeklerin yatakhanesinden görülmesini umuyordum. Az önceki ışık şimdi daha hızlı yanıp sönüyordu. İşaretimi görmüştü. Işıkları yakıp söndürmeye devam ettik. Horlayıp uykusunda bir şeyler söyleyen öğretmen yatağında dönünce korktum. Işığı son bir kez ama uzun uzun yakıp söndürdüm. Artık uyumamız gerektiğini söylemeye çalışıyordum. Beklediğim cevap kısa bir süre sonra geldi. O da ışığı uzun uzun yakıp söndürmüştü. Gözlerimin önünde bir sürü yıldızla yatağa uzandım. Mutlu olduğumu hissediyordum. Neden olduğunu bilmiyorum ama artık dünyanın en yalnız çocuğu olduğumu düşünmüyordum.

Filippo sabah kahvaltıda bana masasından el salladı. Sonra arkadaşlarının üzerine sütlü kahve sıçratmaya devam etti.

"Senden hoşlandığını söylemiştim," dedi Emilia arkamdan geçerken.

"Sadece birbirimize el salladık. Yüzüme bile bakmadı."

"Erkekler her zaman böyle davranır. Bu bir işaret. Bu tür işaretlere alışman gerekiyor."

Organik çiftliğe yaptığımız ziyaret o kadar sıkıcıydı ki Filippo bile dikkatimizi dağıtacak bir şaka ya da ortalığı karıştıracak bir sebep bulamadı. Güzel olan tek şey, tadına baktığımız gerçek inek tereyağıydı. Bir de patlayana kadar reçelli çörek yemiştik. Neyse ki sonra bizi kayak pistine götürdüler! Aralarında Emilia ve Chiara'nın da bulunduğu bir grup öğrenci Fernando'yla birlikte gitti. Emilia kırmızı bir kayak eşofmanı giymişti. Chiara teleferiğe binmeden önce herkese, hatta bana bile havalı kayak gözlüğünü gösterdi.

Kızağa bineceğimiz tepeye çıktım ve yere oturup kara yazı yazmaya başladım. Diğerleri gibi hızlı kayamazdım çünkü bir ağaca çarpmaktan çok korkuyordum. Bize verdikleri kızaklar küçük arabalara benziyordu ve hiç kimse kızağını benimle paylaşmak istemiyordu. Aslında ben de bunu isteyip istemediğimden pek emin değildim. Hiçbir şey görmediğim halde kızağa binmek tuhaf geliyordu.

Bir öğretmen bana yaklaşıp onunla birlikte kaymak isteyip istemediğimi sordu. Ona olduğum yerde biraz daha oturmak istediğimi söyleyince diğer öğretmenlerle konuşmaya devam etti. Bu sırada sınıf arkadaşlarım da çığlıklar atarak tepeden aşağı inmeye başladı. Hasta olduğum bahanesiyle ihtiyacım olan eşyaları almak için kulübeye dönme vaktinin gelip gelmediğini düşündüğüm sırada biri sırtıma bir kar topu attı. Kim olduğunu görmek için arkama döndüm. Sesi herkesten çok çıkan biri çılgınlar bağırarak arkasında kırmızı bir kızakla bana doğru ilerliyordu. Üzerinde bir erkek montu vardı. İnce camlı gözlüğü kar taneleriyle kaplıydı. Öyle çok gülümsüyordu ki tebessümü neredeyse yüzünün tamamına yayılmıştı.

Koşup yanıma uzanarak bana neden kaymadığımı sordu. "Canım istemiyor," dedim.

"Bu doğru değil. Kaymıyorsun, çünkü görmediğin için korkuyorsun."

Söylediği doğruydu ama ben yine de yerden aldığım bir avuç karı montunun yakasından içeri doldurdum. Bağırıp kahkahalar atarak yerde yuvarlandı. Ben de dayanamayıp gülmeye başladım. Bir süre sonra Filippo durup beremin ucundaki pembe ve gri ponpona hafif bir fiske vurdu. Sınıftaki üç çocuk tepeye çıkıp birbirleriyle yarış yapmak için sıraya giriyordu. Pistin yan tarafında duran öğretmenin işaretiyle karları ezerek yarışa başladılar.

"Benimle beraber kayar mısın? Kızağın arkasında oturursun."

Bunu yapabileceğimden pek emin değildim. Sanırım böyle bir riske girmemek daha iyi olacaktı. "Olmaz. Senin çok hızlı gittiğini biliyorum."

Filippo ayağa kalkarak kızağı yokuşun tepesine yerleştirdi. Ellerini beline koyup bana doğru döndü. Galiba onu ilk defa böyle görüyordum. "Ben sana benim için çok zor bir şeyi yapacağıma dair söz vermiştim."

Piyanoda modern şarkılar çalmaktan bahsediyordu. "Evet, doğru. Ne olmuş?"

"Şimdi sıra sende. Sen de senin için zor olan bir şeyi yapmalısın. Neden sadece ben yapıyorum?"

Hastaymışım gibi yapmayı planlıyordum ama şimdi gerçekten de karnımın ağrıdığını hissediyordum. Karşı koymaya karar verdim. "Böyle olması gerektiğini kim söyledi?"

"Ben!"

Filippo ponpondan tutup beremi çektikten sonra kızağın üstüne çıktı. Pes edip yanına gittim. O sırada iki çocuk kızaklarıyla birlikte tepeye çıkmıştı.

Filippo onlara seslendi. "Yarış yapalım mı?"

Teklifi kabul ettiler ve sol tarafa geçip yerlerini aldılar. "Hadi binsene, neyi bekliyorsun?"

Filippo'nun kızağının arkasına bindim. Yokuştan aşağı hızla inmeye başlamadan hemen önce beremi başıma takmayı başarabilmiştim. Filippo'nun sırtına sıkıca tutunup kulağına doğru bağırarak çok hızlı gittiğini söyledim. Kafasını bana doğru çevirdi. "Yarış yaparken yavaşlamamı mı istiyorsun?"

"Biliyorum, ama ben hiçbir şey görmüyorum."

"Ben de!" Filippo gözlüğünün tamamen karla kaplandığını göstermek için arkasında döndü. Korkudan ölmek üzereydim.

"Çarpacağız!"

"Olabilir!" diyerek güldü. Annesi ve babası boşanmış üzgün bir çocuk gibi değildi. Sadece karda kayarak eğleniyor ve kahkaha atıyordu. "Gözlerini kapat! Bu harika bir şey! Yoldan çıkarsak frene basarım!"

Yokuş çok uzundu. Etrafımızda sadece kar birikintileri ve pistin her iki tarafında uzayıp giden yeşil ve kahverengi ağaçların karaltısı vardı. Yarışı kazanıyor olmalıydık çünkü diğerlerinin kızağının sesini duymuyordum. Filippo'nun istediğini yaparak gözlerimi kapadım. Aşağı inerken yüzüme çarpan soğuk esintiyi hissettim. Saçlarım rüzgârda dalgalanıyor, kalbim hızla atıyordu. Yoksa bu, Filippo'nun kalbi miydi? Onu sırtında hissediyordum. Bir önemi yoktu. Diğerlerinin çok uzaktan gelen çığlıklarının arasında sadece kızağın sesini duyarak yokuştan aşağı kaymak gerçekten çok güzeldi. Ve aynı zamanda da tuhaf. Gözlerinde fularla yürümeye benziyordu ama baş döndürücüydü. Gerçekten çok korkuyordum. Yine de bunun bir saat, bir gün, hatta sonsuza dek sürmesini istiyordum. Tıpkı Filippo'nun müziğinin sürmesini istediğim gibi.

Bitiş çizgisinde tezahürat yapanların sesleri daha iyi duyuluyordu. Artık yokuşta değildik ve alkışlar arasında taze bir kar yığınına çarptık. Kar taneleri üzerimize yağarken öyle çok gülüyorduk ki neredeyse nefesimiz kesilecekti. Ayağa kalkıp etrafta dönerek bağırmaya başladık: "Kazandık!"

Bir süre sonra rakiplerimiz de bitiş çizgisine geldi. Midemde tuhaf bir kıpırtı hissediyordum. Galiba kusacaktım. "Neyin var, iyi hissetmiyor musun?" diye sordu Filippo. Cevap vermedim. Bir çalılığın yanına yaklaştım ve bir önceki gün Tombik'in yaptığını yaptım.

Yardımcı öğretmenim Fernando beni uyuduğumuz kulübeye götürmüştü.

Oteldeki görevli kadın mideme iyi geleceğini söyleyerek benim için bir çay hazırladı. Sonra yukarı çıktık. Fernando beni banyoya kadar getirdi ve ben tek başıma içeri girerken "Seni kapıda bekliyorum," diyerek cebindeki Çince kitaplardan birini çıkardı. İşte şimdi tam sırasıydı. Önce yatakhaneye girdim. Bütün yataklar toplanmıştı ve her yatağın yanında sahibinin çantaları vardı. Köşelerden birinde yuvarlak kırmızı ve mavi bir karaltı gördüm. Bu, Chiara'nın şişme yatağıydı. Titreyen ellerle onu aldım ve iyice gizlemeye çalışarak çantama koydum. İçeride ihtiyacım olan başka bir şey yoktu. Bir an durup düşündüm. Ağaca çıktığımda bir tablet işime yarayabilirdi. Sonra aklıma bir süre sonra tamamen karanlıkta kalacağım geldi. Ayrıca, tablet çalmak için çok pahalıydı. Bunu yapamazdım.

Çantamı omzuma alarak aşağı indim. Kısa bir süre sonra oradan ayrılacaktık. Fernando kırmızı bir koltuğa oturmuş ve kitabına dalmıştı. Erkeklerin yatakhanesine girmenin bir yolunu bulmalıydım. Az önce bana çay hazırlayan kadın girişteki tezgâhın önünden geçerken beni durdurdu. "Nasıl oldun?"

"Biraz daha iyiyim," diye cevap verdim. Ve bu yalan değildi.

"Madem hastasın, gel sana bir hediye vereyim."

Tezgâha doğru uzandıktan sonra bana çok tuhaf gri bir çiçek verdi.

"Bu ne?"

"Alp yıldızı çiçeği."

Çiçeğe nazikçe dokundum. Her an dağılacakmış gibi gözüküyordu.

"Üzerinde tüyler var!"

"Evet. Daha önce hiç görmemiş miydin?"

"Hayır. Teşekkür ederim. Çok güzel bir çiçek."

Fernando da alp yıldızını görmek için yanımıza yaklaştı. "İlginç," dedi.

Aklıma bir fikir gelmişti.

"Fernando, bana yardım eder misin?"

Birlikte kapıya kadar yürüdük. "Nasıl bir yardım istiyorsun?"

Ceketini hafifçe çekerek erkeklerin kaldığı kulübeyi gösterdim. "Diğer sınıftan bir çocuğa bir sürpriz yapmak istiyorum."

"Bir çocuğa?"

"Evet. Hoşlandığım bir çocuk."

"Ah."

"Beni onların yatakhanesine götürür müsün? Alp yıldızını onun yastığına koymak istiyorum."

Fernando ofladı. "Tamam, ama çabuk ol."

Erkeklerin yatakhanesi berbat kokuyordu.

Fernando koridoru kontrol etmek için dışarıda bekliyordu, bu yüzden çabuk olmalıydım. Etrafı çabucak arayarak Tombik'in pembe kutusunu buldum ve onu çantama koydum.

Fernando kafasını içeri uzattı. "Bitti mi?"

Beni korkutmuştu. Neyse ki kabı saklamıştım. Pencerenin önüne, kızlar yatakhanesine bakan yatağın yanına geldim. Yatağın altında bir fener vardı. Yastığın üzerine çiçeği koyup dışarı çıktım.

"Affedersin Fernando. Doğru yatağı hemen bulamadım."

"Sorun değil. Bu tür durumlarda hata yapmamak önemlidir. Hadi gel, gidip otobüsü bekleyelim."

Geziden döndük. Şimdi annem çantamı boşaltıyor. Banyodan gelen ışığı az da olsa görebiliyorum.

Endişe etmeden yatağımda uzanıyorum çünkü pembe kabı ve şişme yatağı çantadan daha önce çıkarıp dolaptaki kıyafetlerimin arkasına saklamıştım. Annemle babam ışığı on dakika daha açık tutabileceğimi söyledi ama yapacak pek fazla işim yok. Günlüğümü ve çekmecedeki siyah kalemi aldıktan sonra listedeki *Yıldızları saymak* yazısının üzerini çizdim.

Biliyorum, Cosimo. Arkadaşlarımdan onlara söylemeden almamam gereken şeyleri aldım ve bunu yapmamam gerekirdi. Ama sen de haydutlara yardım etmiştin, hatırlıyor musun? Hepsinin kötü olmadığını ve eve ekmek götürebilmek için bazen biraz yanlış davranmak zorunda kaldıklarını biliyordun. Lütfen, büyükanneme hiçbir şey söyleme.

Sana söz veriyorum, kiraz ağacına çıktığımda ve büyüdüğümde senin gibi kendim için bir şeyler yapmayı öğreneceğim ve aldığım her şeyi geri vereceğim. Biraz zaman alacağını biliyorum, ama bir gün bunu başaracağım.

15

Birine âşık olmak

Bir bebeğim olacak. Artık bundan eminim.

Dağa yaptığımız geziden döndüğümüzden beri Emilia denen şu uzun boylu ve kızıl saçlı kızın anlattıklarını düşünüyorum. Birinin, bebeği olmadan önce karnının ağrıdığını ve midesinin bulandığını söylemişti. Ottimo Turcaret'in kulaklarının arkasını okşarken, ödevleri yapmadan önce, onları bitirdikten sonra ve okula giderken bile hep bunu düşünüyorum.

Önce karnın ağrıyor sonra da miden bulanıyor. Kayak pistinde bana da aynısı olmuştu. Bir de erkeğe ihtiyaç olduğunu söylemişlerdi ve ben de yarış sırasında Filippo'ya sıkıca sarılmıştım. Her şey bu yüzden oldu. Anneme ne diyeceğim şimdi? Ottimo Turcaret beni sevmeye devam edecek mi? Okulu bırakmak zorunda kalacağım. Peki, karanlıkta kalınca çocuğa nasıl bakacağım? Küçükken beşi kız biri erkek, altı çocuğum olacağını hayal ederdim. Sonra gözlerimi sis kapladı ve ben de artık bu konuyu düşünmeyi bıraktım. Çocuklarım olsa karanlıkta onları kaybederim, saçlarını kötü tararım ya da arabayla alışverişe gidemeyeceğim için açlıktan ölürler. Belki yemeklerde pizza sipariş edebilirim. Ama bunu yaparsam da şişman olurlar. Hayır, benim çocuğum olmamalı. Ottimo Turcaret yeterli. O kendi kendine yemek yiyebiliyor, kendini temizleyip tüylerini tarayabiliyor.

Peki şimdi ne yapacağım? Bunu birine söylemeliyim. Estella. Bana yardım edebilecek tek kişi o. Zil çalınca hemen onun yanına gideceğim. Kiraz ağacını görüyorum. Baştan aşağı kahverengi ve yaprakları yok. Bu konuyu aklımdan çıkarmak için ağacın yanına gidene kadar adımlarımı sayacağım. Bir, iki, üç...

Seksen ya da yetmiş sekiz adım. Yani kırk ya da otuz dokuz metre.

On adım daha attıktan sonra Estella'nın ıslığını duyuyorum. Kulaklarım duymuyor olsa her şey daha da zor olurdu.

Temizlik görevlilerinin odasının kapısını iki üç kez çaldım. Ara verilmişti ve okuldaki herkes ellerinde yarıya kadar yediği atıştırmalıklarıyla koridorları dolduruyordu. Filippo'nun sınıfındaki üç çocuk, buruşturup top haline getirdikleri folyoyu çöp sepetine atarak basket oynuyordu. Ben de onlarla oynamak isterdim ama aklımda daha önemli bir şey vardı. Estella kapıyı açıp beni içeri aldı. Sesler kapının arkasında kalsa da hâlâ duyuluyordu.

Estella bana bir cips paketi attı.

"Sen yemeyecek misin?" diye sordum.

Sanki düşüyormuş gibi kendini döner sandalyeye bıraktı. Dirseğini masaya koyarak başını eline dayadı. Yorgun gözüküyordu. Yüzü küflenmeye başlayan limonların rengindeydi. Bu aslında güzel bir renktir ama bir insana yüzünün bu rengi aldığını söylemek pek hoş olmayabilir.

Estella cips yemek istemediğini işaret ederek sandalyesinin yanına bir tabure çekti. Bu odada olmak hoşuma gidiyor çünkü eşyalar birbirine çok yakın ve içerideki her şeyi görebiliyorum. Taburenin üzerine oturdum. Ona anne olacağımı söyleme vakti gelmişti.

Elimdeki paketi kullanarak biraz ses çıkardıktan sonra belli bir yere bakmadan konuya girmeye çalıştım. "Estella, senin çocuğun var mı?"

Kafasını kaldırdı ve sandalyeyi çevirerek bana doğru döndü. Gerçekten de yorgun gözüküyordu. "Hayır. Hiç çocuğum olmadı."

"Neden?"

"Neden öğrenmek istiyorsun?"

Utancımı gizlemek için ağzımı cipsle doldurdum. "Şey, çocuklar ilgimi çekiyor."

Estella gözlerini öyle çok açtı ki gözbebeğini ve özellikle de gözünün beyaz kısmını görebiliyordum. "Çocuklar ilgini çekiyor? Neler duyuyorum böyle. Yoksa sen âşık mı oldun, Mafalda?"

Ne diyeceğimi bilemeden gözlüğümün camlarının arkasından ona baktım. Baştan aşağı kızardığımı hissediyordum. Bunu nasıl tahmin etmişti? Şimdiye kadar ben bile bunun farkına varamamıştım.

Estella kahkaha attı. Benimle dalga geçmek için gülmediğini anlamıştım. Üçüncü gözüm bunun iyi niyetli bir kahkaha olduğunu söylüyordu. Güzel bir şey karşısında atılan türde bir kahkahaya benziyordu.

"Mafalda, nihayet senden güzel bir haber duyuyorum! Beni çok mutlu ettin. Artık huzur içinde ölebilirim."

"Neden iyi haber? Ve bunu nasıl anladın?"

Sandalyesini hareket ettirerek önüme geldi ve omuzlarımı tuttu. Bir kiraz ağacı dalı gibi incecik bir burnu vardı. Dudaklarındaki pembe ruj biraz silinmişti. "Anladım işte. Tam vaktinde. Ve aşk her zaman iyi bir haberdir Mafalda, bunu unutma. Herkes âşık olur. Çocuklar..."

Tam o sırada pencerelerden birinden bir parça sandviç isteyen Tombik'in sesi duyuldu.

"Şişman çocuklar da mı?"

"Elbette, şişman çocuklar da. Yaşlılar, uzaklarda, başka yerlerde yaşayan insanlar, kötüler... Hepsi âşık olurlar."

"Kötüler de mi? Drakula gibi..."

"Evet. Onun da bir karısı vardı. Tuhaf gelebilir ama bu doğru. Çok güzel bir şey, değil mi? Hepimizin eşit olduğunu gösteriyor. Aşk sayesinde fakirler zengin oluyor, zenginler de daha mutlu."

"Aşk *vazgeçilmez* olduğu için mi?"

"Evet, birçok kişi için öyle."

"Peki senin için?"

Omuzlarımı bırakarak derin bir nefes aldı. "Benim için de öyleydi. Romanya'da bir kocam vardı. Ama uzun bir süre önce birbirimize âşık olduğumuzu söylemeyi bıraktık."

"Bu yüzden mi bir çocuğun yok?"

"Sanırım öyle. Eğer bir insana ona âşık olduğunu söylemiyorsan ve o da sana söylemiyorsa çocukların olmaması daha iyidir."

Galiba anladım. Bu kurala göre eğer Filippo'ya ona âşık olduğumu söylemezsem bebeğim olmayacaktı. Tamam. Yapmam gereken tek şey ağzımı sıkı tutmak. Estella'yla konuşmak her zaman işe yarıyor. O, bir sürü şey biliyor ve bana her zaman doğruyu söylüyor. Odanın kapısının yanında duran kırmızı bir düğmeye basınca zil çalmaya başladı. Koridora çıktım, koşar adımlarla sınıfa gittim. Âşık olduğun zaman gözlerin daha iyi görmüyor belki ama bir yerlere çarpmaktan daha az korkuyorsun.

Okuldan yeni döndüm.

Çantamı hızla kapının yanına, yere koyup hiçbir şeye çarpmamaya çalışarak olabildiğince hızlı bir şekilde odama koştum.

Günlüğümü alıp ikinci sayfayı açtım. Anladığım kadarıyla çocuk sahibi olmak için çocuğun babasına ona âşık olduğunu söylemek gerekiyor. Ama benim çocuğum olamaz çünkü karanlıkta çocuklara biberon vermek, altlarını değiştirmek ve ihtiyacı olan şeyleri yapmak mümkün değil. O halde yapmam gereken tek şey, kimseye ona âşık olduğumu söylememek.

Siyah kalemi elime alarak *Birine âşık olmak* yazısının üzerini çizdim.

BEŞİNCİ BÖLÜM

Otuz metre

16

O, yine de beni bulur

"İyi ki doğdun Mafaldaaa... İyi ki doğdun, iyi ki doğdun... İyi ki doğdun Mafaldaaa..."

Annem üzeri mumlarla dolu bir pastayla karanlık odaya girdi. Mumlardan yayılan ışık gülümseyen yüzünü aydınlatıyordu. Doğum günü şarkısını söyleyen koro divanın arkasında gizlenmişti ve odada bir tek annem varmış gibi gözüküyordu. Bağdaş kurarak sehpanın önüne oturdum. Teyzem, amcam, Andrea, Ravina, babam ve Filippo etrafımı çevreledi. Bazıları koltukta oturuyordu, bazıları ayaktaydı. Annesi Chiara'nın gelemeyeceğini haber vermişti. Bu bir yalandı, ama benim umurumda bile değildi çünkü onu zaten annemle babam ısrar ettiği için davet etmiştim. Artık arkadaş olmayışımız onları üzüyordu. Büyüdükçe arkadaşların değişebileceğini ve yalan söylemeyen kişilerle arkadaşlık yapmanın daha iyi olduğunu bilmiyorlar mı? Ottimo Turcaret daha güvenli olduğunu düşündüğü için masanın altına saklanmıştı. Etrafta bu kadar hareket olmasına alışkın değildi. Ama annem pastayı onun altında saklandığı sehpanın üzerine koyunca ve herkes bağırarak şarkı söylemeye başlayınca kaçtı. "İyi ki doğdun Mafaldaa..."

Yanaklarımı balon gibi şişirdim. Mumlara öyle kuvvetli üfledim ki pastadan kopup uçan bir parça krema halıya düştü. Genelde bütün mumları tek seferde söndürebiliyorum ama bu yıl bunu yapamadım. Bir tanesi hâlâ yanıyordu. Odanın tamamen karanlık olması için bir kez daha nefes alıp üflemek zorunda kaldım. Herkes alkışlayıp bağırarak güzel dileklerini söyledi. Mumların dumanıyla yanan gözlerimi kapatarak dileğimi düşündüm. Sonra birdenbire içimde bir korku duydum. Yavaş yavaş gözlerimi açtım. Karanlık hâlâ oradaydı. Herkes dileğimin ne olduğunu sormaya devam ederken gözlerimi yeniden kapadım ve içimden ona kadar saydım. Bir gözümü yavaşça araladım. Tamam, her şey yolunda, biri ışığı açmış. Kremalı pastayı, babamın lambayla duvarın arasına astığı (dallardaki kirazlara benzeyen) balonları, neredeyse her şeyi ve herkesi görebiliyordum. Bugün, yani onuncu yaş günümde karanlıkta kalmak berbat bir şey olurdu.

Neyse ki annem pastayı kesmeye başladı ve insanlar ne dilediğimi sormaktan vazgeçti. Filippo bir dilim pasta alarak yanıma geldi. Çatal kullanıyordu ama pasta yüzünün yarısına bulaşmıştı, çünkü çok hızlı yiyordu. Teyzem biraz endişeyle biraz da tiksintiyle ona bakıyordu. Filippo ona doğru döndü ve kremayla dolu çatalıyla pastayı işaret ederek "Çok *lessetli*!" dedi.

Teyzem daha da çok endişelenmişti ama yine de cevap verdi. "Teşekkürler, canım," dedi, çünkü pastayı o yapmıştı. Estella fark etmeden bahçeye tuvaletini yapan Ottimo Turcaret gibi gizlice gülümsedim.

O sırada ev telefonu çaldı. İlk zilin sesini içeride çok fazla ses olmasına rağmen duymuştum. Önce yüzümü okşayan hafif esinti gibi gelen ses daha sonra keskinleşti. Sonra babam da onu duydu ve diğer odadaki kablosuz telefondan cevap vermek için içeri gitti. Biraz sonra geri gelip beni çağırdı. "Telefonda doğum gününü kutlamak isteyen biri var."

Babamın arkasından mutfağa gittim. Masaya oturdum. Babam telefonu bana uzattıktan sonra mutfakta bulaşık makinesini dolduran annemle yalnız kaldım.

"Alo?"

"İyi ki doğdun, küçük prenses."

Telefondaki ses...

"Ben Amazonların kraliçesiyim, beni tanımadın mı?"

Çok kısık sesle konuşuyordu. Sesi, sınıfa dönmem ya da bir şeyi yalnız başıma yapmam için bana bağırdığı zamanlardaki gibi gür değildi. Neredeyse onu tanıyamayacaktım.

"Estella! Neredesin?"

"Hastanedeyim."

"Orada ne yapıyorsun?"

Telefonun diğer tarafında bir süre sessizlik oldu. "Bir arkadaşımı ziyaret etmek için geldim."

"Arkadaşın hasta mı?"

"Arkadaşım mı? Hayır. Burada çalışıyor gibi bir şey."

Belki de hastanede çalışan arkadaşı Doktor Olga'ydı. Estella'ya bunu sormak üzereyken yeniden konuşmaya başladı. "Söyle bakalım, parti güzel mi?"

"Evet, burada olmadığın için çok üzgünüm."

"Ben de üzgünüm. Partiler güzeldir. Çok eğlen ve tadını çıkar. Yarın okula gidince hediyeni alacaksın."

"*Alacaksın* ne demek? Sen orada olmayacak mısın?"

"Yarın olmayacağım. Arkadaşım bir süre daha burada. Onunla ilgilenmem gerekiyor."

"Onu benimle tanıştıracak mısın?"

"Tanıştırmasam daha iyi olur. İkinizi asla ama asla tanıştırmayacağım Mafalda."

Biraz kıskanmıştım.

"Tamam o zaman, hoşça kal."

"Hoşça kal. Hediyeni unutma. Onu cipslerin olduğu çekmeceye koydum."

"Tamam. Arkadaşına selam söyle."

İkinci ve daha uzun bir sessizlikten sonra kulağa çok tuhaf gelen bir sesle konuştu. "İyi ki doğdun küçük prenses Mafalda," dedi ve telefonu kapadı.

Gözlüğümün camları buğulanmıştı. Aklıma bir soru takıldı: Birkaç hafta önce sırama not bırakan kişi Estella olabilir mi?

"Gelip hediyeleri açacak mısın? Al, önce benimkini aç!"

Koşarak mutfağa giren Filippo zamanında duramadı. Hediyesiyle birlikte sandalyeyi ve beni yere devirdi. Neredeyse bulaşık makinesinin içine girecektik. Annem topuklu ayakkabılarıyla (bugün topuklu ayakkabı giydiği günlerden biri değildi ama yine de onları giymişti) üzerimizden geçerek meyve salatasını aldıktan sonra buzdolabının kapağını kapadı. "Evet, gidip hediyelerini açsan iyi olur Mafalda. Filippo'nun babası yarım saat sonra onu almaya gelecek."

Filippo'nun verdiği kutunun içinden Emilia'ya hediye ettiği gibi üzerinde adımın yazılı olduğu bir tişört çıkmasını bekliyordum ama paketin içinde çok daha güzel bir şey vardı. Önce ne olduğunu anlamadım. Küçük bir müzik setine benziyordu. Kutuyu karıştırınca bir de mikrofon buldum. Oyuncak mikrofonlar gibi plastik değil, gerçek bir mikrofondu.

"Bu, özel bir *karaoke* seti." Filippo kutuyu alıp misafirlerin arasından geçerek televizyonun yanına gitti. Birkaç düğmeye basarak mikrofonun kablosunu ekranın arkasında bir yere taktığını gördüm. Setin içindeki kumandayla programı başlatırken bir yandan da bana nasıl çalıştığını anlatıyordu. "Önce biri şarkıyı söylüyor. Sen de dinleyip sözleri ezberliyorsun. Sonra müzik başlıyor ve şarkıyı kendi başına söyleyebiliyorsun. Sözleri hatırlamazsan geri dönüp tekrar dinliyorsun."

Ekranda daha önce annemin arabasındaki radyoda birkaç kez duyduğum bir şarkı gözüktü. Andrea koltuktan kalkarak mikrofonu eline aldı. "*Bir zamanlar benim gibiii Beatles ve Rolling Stones seven bir çocuk vardııı*..."

Bir müzik öğretmeni olmasına rağmen çok kötü söylüyordu. Ama insanlar bunu umursamadan ona eşlik etmeye başladı. Filippo'ya yaklaştım. Sesimi duyurmak için kulağına doğru eğilerek diğerlerinden biraz daha fazla bağırdım. "Teşekkürler! Hediyeni çok beğendim."

Ne yazık ki bu hediyeyi çok fazla kullanamayacağım. Filippo'ya ağaçta yaşama planımdan bahsedip bahsetmemek konusunda düşünüyorum.

Karaoke setinin içinde olduğu plastik torbayı karıştırdı. "Bir de not var," diyerek bana mavi bir zarf verdi. Hiçbir şey söylemeden zarfı alıp içine baktım. O sırada kimse bize dikkat etmiyordu. Filippo'yu koridora götürdüm.

"Notunu bu akşam yatmadan önce okusam olur mu?"

Ellerini beline koydu. "Neden şimdi okumuyorsun?"

Zarfı elimde çevirdim. "Çünkü onu okuyamıyorum."

"O zaman büyütecini kullan."

Kaşlarımı o kadar yukarı kaldırdım ki neredeyse saçlarıma değeceklerdi. "Büyütecim olduğunu nereden biliyorsun?"

"Bir gün onu çantana koyarken seni görmüştüm. Hadi kullan onu. Eğer kullanmayacaksan neden yanında bir büyüteç taşıyorsun ki?"

"Utanıyorum. Onu hiç kimsenin yanında kullanmadım." Filippo yerinden kıpırdamıyor, hiçbir şey söylemiyordu. En sonunda pes ettim. "Tamam. Ama odama gidelim."

Kimseye belli etmeden koridorda ilerleyerek odama gittik. Ottimo Turcaret yatağın üzerindeydi. Filippo onu kucağına almak için tutup ayaklarından çekince miyavladı. İkisinin yanına oturarak zarfı açtım. İçinde, üzerinde siyah lekeler olan ikiye katlanmış bir kâğıt vardı.

"Kalın bir kalem kullandım," dedi övünerek.

Şerlokolms büyütecimi çantamdan çıkardım ve onu bir gözümün önünde tutarak kâğıdı yüzüme yaklaştırdım.

İKİ BASAMAKLI İLK DOĞUM GÜNÜN KUTLU OLSUN!

ÖPÜCÜKLER

– FILIPPO, CRISTINA VE MAURO –

"Babanın ismi Mauro mu?"

"Evet."

Bir süre sessizce yatağımda oturduk. Ottimo Turcaret kulaklarının arkasını okşamasına izin veriyordu. Filippo'ya bakıyordum ama aslında onu görmüyordum. Ailesi hakkında düşünüyordum.

"Bu hafta onunla beraber misin?"

İlk kez bu konu hakkında konuşuyorduk.

"Sadece dün, yani cumartesi ve bugün."

"Onu gördüğün için mutlu değil misin?"

Filippo omuz silkerek Ottimo Turcaret'i okşamaya devam etti. "Hayır. Biraz deli olmamın sebebi de bu zaten."

"Öyle olduğunu sana kim söyledi?"

"Psikologlar ve okuldaki danışmanlar. Dikkatimin dağınık olduğunu ve annemle babam boşandığından beri çabuk öfkelendiğimi söylüyorlar."

"Ama sen bunu isteyerek yapmıyorsun ki." Filippo'nun gözlüğünün camlarının buğulandığını görünce kolumu omzuna attım. Kıpırdamıyordu ama hıçkırarak ağlamaya başlamıştı. Sırtı, bacakları hatta ayakları bile titriyordu. Ottimo Turcaret, bu şekilde ağladığı için kucağından inip çalışma masasının önündeki sandalyeye çıktı. Filippo'nun ağlarken sesi çıkmıyordu. Her şeyi, hatta sessiz ağlayışları bile mahveden büyükler gelip bizi çağırana kadar odamda sessizce oturduk.

"Mafalda ışığı kapat."

Pijamalarımı giyip yatağıma uzandım. Ottimo Turcaret karnımın üzerinde yatıyor. Gözlerimi bir kez kapadım. Gözüme fular bağlayıp bahçede yürüdüğüm zamanlar dışında gözlerimi hiç kapamıyorum. Onları iyice açarak gökyüzüne bakmak istiyorum. Bunu yaparak ömrüm boyunca bana yetecek kadar ışığı içime çekiyorum.

Parti bitip herkes gidince babam balonları yerlerinden çıkardı. Ondan bir tane balon isteyerek onu yatağın altına koydum. Soğuk ya da yaşlılık yüzünden ağaçta yaşamaya devam edemeyecek olursam uçmak için balonu kullanabilirim.

Yine de bu akşam gözlerimi dinlendirmem gerekiyor. Aslında hiç yorgun değilim ama gözlerim yoruldu. Elimi arka taraftaki lambaya doğru uzatıp kapatma düğmesine bastım. Annem odaya girince bir annenin karanlıkta nasıl göründüğünü görmek için hafifçe gözlerimi araladım. Önce naneli dondurmanın kokusunu aldım. Sonra uzun saçlarının gölgesini gördüm. Yüzü ve ışıksız odada daha da koyulaşan siyah kıyafeti gözükmüyordu. Bu çok tuhaf çünkü karanlıkta her şeyin zaten siyah olduğunu sanıyordum. Oysa anneler karanlıkta daha da siyah gözüküyorlar. Belki onlar da kediler gibi karanlıkta görüyorlardır. Böylece tehlikede olan çocuklarını bulabilirler. Eğer öyleyse ben de anne olabilirim. Dirseklerimin üzerinde doğruldum. "Anne, karanlıkta beni bulabilir misin?"

Annem yanıma oturup saçlarımı okşadı. "Karanlıkta göremiyorum Mafalda, yine de seni bulacağımdan eminim. Ama şimdi ışıkları kapatma zamanı, çünkü çok geç oldu."

Üzerime doğru eğilerek bana iyi geceler öpücüğü verdi. Saçları tıpkı pamuk şeker gibi hafifçe yastığa dokunuyordu. Tabii pembe değil siyah pamuk şekeri gibi. Gidene kadar ellerimi saçlarından ayırmadım. Saçları yumuşacıktı.

Anneme kendi karanlığımdan bahsettiğimi söylemedim.

O, yine de beni bulur.

Bu akşam seninle de büyükannemle de konuşmak istemiyorum, Cosimo.

Sizin için her şey yolunda. İplere tutunarak bir daldan diğerine atlıyorsunuz, kitap okuyorsunuz ve eminim ki kiraz ağacına artık sadece altmış adım uzaklıkta olduğumun farkında bile değilsiniz. Ne demek istediğimi anlıyor musun, Cosimo? Otuz metre. Çok fazla değil.

Kardeşin bir keresinde yaşlı bir Fransız bilginle senin hakkında konuşmuştu. Ona senin ağaçta yaşadığını çünkü yeri görebilmek için yeteri kadar yüksekte olman gerektiğini, en azından senin buna inandığını söylemişti. Peki benim ağacımı görebilmek için ne kadar uzakta olmam gerekiyor?

17

Kâğıt toplarla basket oynamak

Doktor Olga'nın yeşil gözleri olduğunu hatırlıyorum.

Bunun doğru olup olmadığını kontrol etmeye çalıştım ama yüzünün üzerindeki gri bulut hareket etmiyor. Zaten burada olmamın sebebi de bu. Sağımda ve solumda, annem ve babamla birlikte pek de rahat olmayan geçen seferki koltukta oturuyorum.

Doktor Olga bana uzun ve pürüzsüz tahta bir sopa verdi. Bu bir kalem. Parmaklarımı üzerinde gezdirip tepesine dokununca her zamanki dinozor silgili kalemlerden biri olduğunu anladım.

"Mısırlıların olduğu bir kalem bulamadım, üzgünüm."

Önemli değil. Silgileri zaten pek sevmiyorum. Çok fazla işe yaramıyorlar. Yine de kibar davranmak için ona teşekkür ederek sanki çok hoşuma gitmiş gibi kalemi elimde tutmaya devam ettim. Doktor Olga'nın masasının üzerinde bir defter var. Onu oraya çocukların resim yapması için koyduğunu biliyorum. Tam önümde duruyor. Üzerine bir şeyler çizmeye başladım. Böylece büyükler konuşurken onları dinlemiyormuş gibi davranabilirdim. İki basamaklı doğum günümden sonra birçok konuda olduğumdan farklı davranmam gerekiyor. Işık açıkmış gibi davranmak, ağlamıyormuş gibi ve dinlemiyormuş gibi yapmak zorunda kalıyorum. Büyüdüğümde de -annemle babamın şu anda yaptığı gibi- orada olan biri hakkında konuşmuyormuş gibi yapmam gerekecek.

"Durumu nasıl, doktor?" diye sordu babam.

"Çok kötü değil."

Büyüyünce yapılması gereken şeylerden biri de bir şeyin tam tersini söylemek için cümlelere "değil" kelimesini eklemek. Bence, *kötü değil* aslında *kötü* anlamına geliyor. Kuaförden sonra okula gelen öğretmenimiz bize saçlarının nasıl göründüğünü sorduğunda da aynı şey olmuştu. Bütün erkeklerin saçlarının berbat gözüktüğünü düşündüklerinden eminim, ama hepsi öğretmeni mutlu edip bize sınav yapmasını engellemek için ona "*Kötü değil* öğretmenim," demişti.

Doktor Olga devam etti: "Altı nokta alfabesini çalışmaya başladınız mı?"

Babam alıştırma yaptığımı söyledi. "Çalışmaları yetersiz değil."

İşte tam tersini söylemek için kullanılan bir *değil* daha. Altı nokta alfabesiyle sadece *Küçük Prens*'i okumuştum. Yine de çok güzeldi.

Annemin sesi titriyordu. "Doktor, işleri biraz daha kolaylaştırmanın bir yolu yok mu?"

"Dışarıdaki görüntüleri gözün henüz zarar görmemiş kısımlarına yansıtmayı sağlayan kameralı gözlükler var ama..."

Yine mi gözlük? Umarım öyle değildir. Kulağa çok karmaşık geliyor ve bence bu tür şeyler insanın canını yakar.

"...ama bizim bulunduğumuz aşamada bir faydası olmaz. Onu daha fazla yormamak en iyisi olacaktır."

Ucuz kurtuldum. Bu gözlükler büyük ihtimalle çok çirkindi. Kafamın üzerine bir kamera koyacaklarından eminim. Onu takarsam okuldaki herkes bana güler.

Bir süre sessizlik oldu. "Ne güzel bir resim, Mafalda! Van Gogh'un resmindeki yıldızlı gökyüzüne benziyor." Doktorun sesi neredeyse ödümü koparacaktı.

Kâğıda baktım. Sadece gri yuvarlak şekiller yaptığımdan emindim. Benim gibi resim yapıyorsa, bu Van Gogh denen adamın gözünde de sis olmalı.

Aslında Doktor Olga'yı ziyaret etmemiz tamamen vakit kaybı sayılmaz çünkü dün bana hediye ettiği dinozor silgili kalemi nasıl kullanacağımı biliyordum.

Sınıfta hiç ses yoktu. Geometri sınavı oluyorduk ve sorular zordu. Bu da geometrinin ne kadar zor olduğunu gösteriyor. Plastik şekiller kullanarak sınavı tamamlamıştım. Yardımcı öğretmenim Fernando bana yıldızsız beş verdikten sonra boş bir sıraya oturup Çince kitabını okumaya koyuldu. Bana her zaman yıldızsız beş verirdi. "Çok çabaladığın için beş veriyorum ama yıldızlı beş verirsem bu çok fazla olur," diyordu.

Yavaşça arkama döndüm. Kevin simetrik çizgiler çizmeye çalışıyordu ama bunu hiç beceremiyordu.

"Pişşt!"

Kevin kafasını kâğıttan kaldırdı ama sonra hemen indirdi.

Onunla konuşabilmem için öğretmenin sınıftan çıkması gerekiyordu. Sınavımı bitirdiğime göre gidip onun için kahve almayı teklif edebilirdim. Belki böylece canı kahve isterdi. "Öğretmenim," dedim alçak sesle ve masasına doğru eğildim. "Bugün kahvenizi ben getireyim mi?"

Elindeki telefonu hemen kenara kaldırdı. Oyun oynuyordu (arada bir *ding* diye öten oyunun kısık sesini sınıfta sadece ben duyuyordum). Cevabı, hayır oldu. "Ben giderim. Sen konuşanların adını kâğıda yaz."

Sıramın üzerine bir kâğıt koydu, çantasını aldı ve dışarı çıktı. Tamamdır. Artık bir kez daha deneyebilirdim. Kevin, kafası ve gövdesiyle sıranın üzerine uzanmış, siyah ve sarı renkli kalemini tahtanın kenarına vuruyordu. Simetrik çizgileri çizmeyi hiç beceremiyordu. Gözlerimi arkada, dolabın yanında oturan Fernando'dan ayırmamaya çalıştım. Ne yaptığımı görmemesi gerekiyordu. Sakin gözüküyordu. Dirseğimi Kevin'ın sırasına koyarak fısıldadım. "Dinozorları seviyor musun?"

Bu tarz şeyleri sevdiğini biliyordum. Yılanlar, kertenkeleler, dinozora benzeyen yeşil şeyler hoşuna gidiyordu. Tahmin ettiğim gibi doğrularak "Evet," dedi.

"O zaman değiş tokuş yapalım." Elimle ağzımı kapadım. "Bu kalemi görüyor musun?"

Önlüğümün cebinden dinozor silgili kalemi çıkardım.

"Çok güzel!" dedi.

Fernando kafasını kitaptan kaldırmadan bizi uyardı. "Şişşt." Kalemi Kevin'ın önüne koydum. "Karşılığında bana bir şey verirsen ben de onu sana veririm."

"Ne istiyorsun?"

"Gezide giydiğin yağmurluk çok hoşuma gitti. Değiş tokuş edelim mi?"

Kevin bir an bile düşünmedi. "Olmaz. Gidip aynı kalemi kırtasiyeden de alabilirim."

Olamaz! İşe yaramıyordu. Gözlüğümün camları buharla kaplandı.

"Ama bu kalemi kırtasiyede bulamazsın. Sadece bende var. Eğer onu istiyorsan yağmurluğunu bana vermen gerekiyor."

"O zaman bana hem kalemi hem de büyütecini ver."

Büyüteci mi? Bundan pek emin değildim ama fazla vaktim yoktu. Zaten artık pek işime yaramıyordu. Büyüteci de cebimden çıkarıp ona uzattım. Onu alıp sırasının altına sakladı. Sonra da kalem kutusunu kaldırarak bana gösterdi.

"Yağmurluğu bana yarın getirecek misin?"

"Tabii ki hayır," dedi. Tam o sırada öğretmen elinde kahvesiyle sınıfa girdi. Normalde makineden alınan kahvenin kokusunu severim ama bugün burnumu yakıyor, uykum geldiği zamanlarda olduğu gibi sağ gözümün yaşarmasına neden oluyordu. Ama o anda uykum yoktu. Sadece çok öfkelenmiştim. Artık ne kalemi ne de yağmurluğu umursuyordum, sadece gözlerimi kapatıp Estella ve Ottimo Turcaret hariç herkesin ve ağacım hariç her şeyin üzerine kocaman bir çizgi çekmek istiyordum.

Ağacım.

Bazen orada yaşamanın nasıl olacağını düşünüyorum. Kuşların yuvalarının yanında tamamen yapraklardan yapılmış küçük bir ev hayal ediyorum. Kiraz ağacında bir sürü kuş yuvası olur. Kendimi yalnız hissettiğimde ağacın gövdesine vurduğumu ve büyükannemin bana "Kim o?" dediğini düşünüyorum.

"Mafalda!" diye cevap veriyorum ve kiraz ağacı, yani dev, birkaç pembe ve beyaz yaprağı etrafa dökmek için kafasını sallıyor. Sonra da büyükannemle bulutların şekillerinin neye benzediğini tahmin etme oyunu oynuyoruz.

Ama *Şerlokolms* büyütecime ihtiyacım vardı. Ona sahip olmamak beni rahatsız ediyordu. Onu bana babam hediye etmişti. Yanımda babamdan bir hatıra olmadan ağaca çıkamazdım. Zil çalınca öğretmen bir şeyler atıştırmamız için bizi dışarı çıkardı. Kevin, sırasından çıkıp tuvalete koştu. Sınıfın kapısının yanındaki duvara dayanarak kollarımı birleştirdim ve kendimi yere bıraktım. Bunu bir filmde görmüştüm. Uzun zamandır film izlemediğimi hatırladım. Karanlıkta kalmadan önce ya da sonra başka filmler izleyebileceğimi sanmıyorum. Neden? Neden ben? Kafamı dizlerimin arasında koyup ağlamaya başladım.

"Neden ağlıyorsun?"

Ellerime çilekli çörek kırıntıları dökülüyordu. Kafamı kaldırdım. Karşımda siyah spor ayakkabıları ve kot pantolonu giymiş biri vardı. Herhangi biri olabilirdi ama ben sesin sahibini hemen tanıdım.

Filippo yanıma gelip yere oturdu. Ona Kevin'le aramda geçenleri anlattım. Çok konuştuğum zamanlarda Flippo beni dinlemiyor. Bunu, onu tanıdıktan bir süre sonra fark ettim ve bu yüzden söyleyeceklerimi hep kısa kesmeye çalışıyorum. Daha son cümlemi bitirmeden hızla ayağa kalktı. Elindeki çöreğin kâğıdını uzakta duran bir çöp kutusuna attı. Hedefi tutturduğu için sevinerek bizim sınıfa girdi.

Ayağa kalkıp kapının koluna uzattığı elini sıkıca tuttum. Teneffüslerde sınıfa girmemiz yasaktı. "Ne yapacaksın?"

Beni yavaşça ama kararlı bir şekilde kenara çekti. "Eşyalarını geri alman için sana yardım edeceğim. Burada kal ve biri gelirse bana haber ver."

Onu durdurmaya çalıştım, çünkü biri gelecek olursa onu zamanında göremeyeceğimden korkuyordum. Bizi yakalayabilirlerdi. Ama Filippo hızla içeri daldı ve tüm çantaları karıştırmaya başladı.

Bir ayağım sınıfta bir ayağım koridordaydı. Midemin heyecandan alt üst olduğunu hissediyordum. "Sıranın altında! Benim sıramın arkasındaki sıranın altına bak!"

Sıramın nerede olduğunu söylememe gerek kalmamıştı. Doğru sıraya ilerlediğini gördüm. O sırada omzuma bir el dokundu. "Ne oluyor burada?"

Pek tanımadığım yaşlı öğretmenlerden biri arkamda duruyordu. Sınıfa doğru baktı. Korkudan donup kalmıştım. Neler olduğunu görmek için başka biri daha geliyordu.

"Ne yapıyorsun?" diye sordu öğretmen. Sesini kafamın üzerinde duyuyordum. Filippo sıranın altına eğilmişti ama artık bunun bir faydası yoktu çünkü bizi yakalamışlardı.

Biri öğretmenin arkasından bağırdı. "Onlar benim eşyalarım. Onları çalıyorlar!"

Kevin beni kenara iterek sırasına koştu ve Filippo'nun elindeki kalemi ve büyüteci almak için onu çekiştirmeye başladı. Filippo ise hiç kıpırdamıyordu. "Onlar senin değil. Onları Mafalda'dan aldın!"

"Bana hediye etti! Onlar artık benim!"

"Onu kandırdın!"

Filippo ve Kevin birbirlerini çekiştirip bağırırken ve birbirlerine yumruk atarken müdür yardımcısı yanımıza geldi. İkisini ayırdıktan sonra bu karışıklığa kimin sebep olduğunu sordu. Kevin bağırarak her şeyi başlatanın Filippo olduğunu, eşyalarını çalmaya çalıştığını söyledi. Ben de bağırdım ve eşyaların benim olduğunu söyledim.

"Onları bana sen verdin, aptal şey!"

Nasıl oldu bilmiyorum ama Kevin'ın aptal sesine doğru atıldım. Bir süre sonra gözlüğüm yere düştü. Havaya savurduğum yumrukların bazıları boşluğa geliyor, bazıları Kevin'ın yüzü olmasını umduğum yumuşak bir şeye çarpıyordu. Hangi cesaretle ona saldırdığımı bilmiyorum ama kendimi gözlüğüm olmadan ona yumruk atarken buldum. Demek ki gözlerim olmadan yapabildiğim şeylerden biri de kavga etmekti. Listeye bunu yazmayı unutmamalıyım.

Okul sekreterinin bulunduğu koridordaki sandalyeler Doktor Olga'nın ofisindeki sandalyeler kadar rahatsızdı. Ama bu defa annemle babam yanımda değildi. Filippo'yla beraberdim ve o da annesiyle babasının ve müdürün imzalaması gereken bir uyarı notu almıştı.

Müdürün odasına ilk defa geliyordum. Ve hayatımda ilk kez bir şey çalmıştım. Bu sene, din dersinde yapılması yasak olduğu söylenen ve benim de asla yapmayacağıma söz verdiğim birçok şey yapmıştım. Bu tür kötü davranışlarda bulunmak istemezdim ama mecbur kaldım. Aslında evden kaçmak istememiştim. Kevin'a vurmak istememiştim. Tamam, belki Kevin'a vurmak istemiş olabilirim ama beni kandırdı ve bana yalan söyleyen insanlardan nefret ediyorum.

"Yalan söylenmesinden hoşlanmadığını biliyorum ama birazdan bir yalan söylemem gerekecek ve sen de sesini çıkarmayacaksın, tamam mı?"

Filippo hafifçe koluma dokundu. Bana ilk kez dokunuyordu. Peki ama ne hakkında yalan söyleyecekti? Yalanlardan hoşlanmıyorum. Estella da her zaman "Sadece gerçekler," derdi.

"Eğer bunu söylemezsem senin de başın derde girer, bu yüzden sesini çıkarma."

Gözlüğümü burnumun üzerine iterek ona baktım. "Ne?"

"Hiç." Filippo sandalyeden sarkıttığı bacaklarını sallıyordu. "Sen hiçbir şey söyleme. Basket oynayalım mı?"

İmzalatmamız gereken uyarı notunun yazılı olduğu kâğıdı buruşturarak bir top yaptıktan sonra onu koridorun köşesinde ve fotokopicinin yanında duran yapay çiçeğe doğru attı.

Oralarda bir yerde bir çöp kutusu olmalıydı. Kâğıdın bir şeyin içine girdiğini duydum. "Hadi sen de dene."

Elimde uyarı notundan başka bir şey olmadığı için ben de onu kullandım. Zaten cezalıydım. Kâğıt topu çöp kutusuna doğru attım ve duvara çarpıp yerde yuvarlandığını duydum. Hedefi tutturamamıştım.

Filippo koşup topları aldıktan sonra benimkini bana verdi. "Bir daha deneyelim."

Müdür notları imzalamak için odasından çıktığında altıncı kez basket atmayı deniyordum. "Ne yapıyorsunuz burada?" Bu sefer bize çok ama çok kızdığını anlamak için üçüncü göze ihtiyacım yoktu.

Cesaretimi kaybedip fotokopi odasının kapısının arkasına saklandım. Kabahatimi (kurallar söz konusu olduğunda bu kelime kullanılıyordu sanırım, öyle değil mi?) itiraf edecektim ama Filippo müdürle arama girdi. "Hepsi benim suçum."

Müdür, pek fazla saçı olmayan, alnı mavi damarlarla dolu, uzun boylu ve çok zayıf bir adamdı. Onu hatırlıyordum. Kötü biri değildi. Sadece hep odasında oturuyor ve çocuklarla pek fazla konuşmuyordu. Üzerinde sos lekeleri olan temizlik görevlisi gibiydi. Belki de ikisi gizlice arkadaşlık yapıyor ve kahve içerken bizden bahsediyorlardır. Aslında bu çok da mümkün değil. İkisi çok farklı tipler. Gerçi Filippo'yla ben de çok farklıyız ama arkadaşız. Müdür Filippo'yu iyi tanıyor gibi gözüküyordu.

"Benim suçum. Onun sınıfına girdim. Beni durdurmaya çalıştı. Sonra da onu uyarı notlarıyla basket oynamaya zorladım."

Bu doğru değildi! Müdüre gerçeği söylemek istiyordum. Ayağa kalktığım sırada müdür derin bir of çekerek odasına girdi. "Filippo, yaptığın hiç doğru değil. Mafalda sen gidebilirsin. Gel, biz seninle biraz sohbet edelim."

Filippo yüzüme bile bakmıyordu. Onu durdurmaya çalıştığımda kolumu tutup beni uzaklaştırdı. Arkasından müdürün odasına doğru ilerledim ama görebildiğim son şey onun gözlüğü ve yüzüme kapanan kapı oldu. Galiba son anda bana gülümsemişti.

Filippo, benim için *Çocuk Kalbi*'ndeki Garrone gibiydi.

Ama müdür, kitaptaki öğretmen gibi onun beni kurtarmak için yalan söylediğini anlamamıştı.

Koşmam gerekiyordu.

Uzun bir süredir koşmamıştım ama rüzgâr gibi, parktakilerin ve koşu pistindekilerin yaptığı gibi koşmalıydım.

Etrafıma baktım. Ortalarda hiç kimse yoktu. Okulun kapısında ya da koridorda hiçbir şey kıpırdamıyordu. Sol taraftaki kapının açıldığını ve sekreterlerin güldüğünü duydum. Çok şık, siyah bir etek giyinen bir kadın elinde kâğıtlarla önümden geçti. Fotokopi makinesini kullanmaya gidiyordu. Birkaç düğmeye bastığını, makinenin kapağını indirdiğini duydum. Sonra da gözlerimde yeşil bir ışık parladı ve kafamı diğer tarafa çevirdim. Sekreter bir şeye ihtiyacım olup olmadığını sordu. Sınıfa doğru yürümeye başladım. Zaten artık Filippo için yapabileceğim hiçbir şey yoktu.

Sekreter, kâğıtları alıp odasına döndü. Kapıyı kapadığını duydum. Artık okulda yalnızdım. Hiç kıpırdamadan durup ona kadar saydım. Gelip geçen ya da beni arayan yoktu. Hızla Estella'nın odasına doğru ilerledim. Sadece bazen gösteri yaptığımız geniş alanı geçmem gerekiyordu. Okulun zemini mavi, duvarları gri ve kapıları da gri ve mavi renkteydi. Sanki bir boşlukta koşuyor gibiydim. Kapıya çarparak durdum, hızla içeri girdikten sonra onu tekrar kapadım. Sırtımı kapıya dayadığımda kalbim, kuzenim Andrea'nın davulu gibi güm güm atıyordu.

Gözlüğüm kirlenip buharla kaplanmış olsa da biraz sakinleşmek için etrafıma baktım. Belki de annemin arabasının camı gibi kirli ve buharla kaplı olan aslında gözlerimdi. Keşke benim de gözümün önündeki bu karanlığı temizlemek için arabalarda olduğu gibi cam sileceklerim olsaydı. Ama bu kadar küçük silecekler henüz icat edilmedi. Oda karanlıktı. Bugün kimse panjurları açmamıştı. İçeriye sadece bahçeye bakan pencerelerden birinden biraz ışık süzülüyordu. Elimi ışığın içine uzatıp tozlarla oynayarak onları hareket ettirdim. Sonra parmaklarımın arkasında oluşan gölgeden şekilleri görmek için beyaz elimi iyice açtım. Açık ve koyu renkli eşyaların hepsini bir arada görüyordum ve birbirlerine çok yakın oldukları için onları ayırt edebiliyordum. Elimi ışık demetinin içinde tutup hareket ettirerek odadaki eşyalar üzerinde yaptığım gölgeleri inceledim. Döner sandalye, masa, cipslerin olduğu dolap... Doğum günü hediyem! Estella onu çekmeceye bıraktığını söylemişti. Hemen masanın yanına gelip eğildim ve öğrencilerden aldığı eşyaların bulunduğu çekmeceyi açtım. Ellerimle yoklayınca kıvrılmış bir kurdeleyle süslenmiş karton bir kutu buldum. Onu dışarı çıkarıp masanın üzerine koydum. Tuhaf, yumuşak bir paketti.

Bu kadar kısa süre içinde aldığım ikinci yumuşak hediyeydi. İçinde ne olduğunu merak ediyordum.

Döner sandalyeye oturdum ve paketi yavaş yavaş açtım. Hediye paketlerini bozmayı hiç sevmem ama en sonunda dayanamayıp paketi yırttım.

Bir yıldız. Gördüğüm ilk şey buydu. Kocaman beyaz bir yıldız. Kumaştan yapılmıştı çünkü bir tişörtün üstüne işlenmişti. Siyah bir tişört. Filippo'nun annesinin çalıştığı mağazada satılanlara benziyordu. Belki de Estella bu tişörtü oradan sipariş etmiştir. Filippo ve Estella'nın benimle ilgili bir konuda ortak bir noktasının olması hoşuma gitmişti. Tişörtü yüzüme yaklaştırdım. Estella'nın onu kendi kıyafetlerini yıkadığı deterjanla yıkayıp ütülediğini anladım çünkü, onun kokusunu alıyordum. Yıldız biraz parlaktı. Dokununca onu parmaklarımla da hissediyordum. Tişörtün üzerinde daha küçük başka bir yıldız daha vardı. Onu diğer tarafa çevirip önlüğümün üzerine yerleştirdim. Küçük ve beyaz yıldız tam da kalbimin olduğu yere geliyordu.

18

Ona kimse ateş etmedi

Annemin arabasının içi her zaman çok sıcak olur.

Bugün daha da sıcak çünkü ona buruşturup attığım nottan bahsetmem gerekiyor.

Ama onun her zamanki gibi anlatacak çok şeyi var. Ben de konuşmasını bölmüyorum. Alnımı arabanın penceresine dayayıp cama üflüyorum ve parmağımla bir yıldız çiziyorum. O kadar hızlı kayboluyor ki onu görmeye fırsat bulamıyorum. Ama bunun bir önemi yok. Çantamda Estella'nın verdiği iki yıldızlı tişört var. Yıldızlardan biri benim için, daha büyük olan diğeri ise onun için. Eve gidince onu yatağın altına saklayacağım ve ağaca çıkarken onu yanımda götüreceğim. Bahar geldiğinde onu giyebilirim. Böylece Estella'nın tam üç tane yıldızı olacak (çünkü onun adının anlamı da "yıldız").

Merdivenleri çıkıp annemle babama okulda uyarı aldığımı söylemeden önce Estella'yı arayıp ona teşekkür etmenin daha iyi olacağını düşündüm, çünkü olanları anlattıktan sonra telefonu kullanmama izin vermeyebilirlerdi. Merdivenleri çıkarken basamaklara çok dikkat ederim. Özellikle de bilmediğim bir yere gittiğimde daha dikkatli oluyorum çünkü basamakların ne kadar yüksek olduğunu asla bilemezsin. Ama bizim evde ayaklarım kendi kendine ilerliyor. Küçüklüğümden beri bu merdivenleri kullanıyorum ve gözlerim kapalıyken, hatta her yer karanlıkken bile basamakları çıkabilirim. Yeni listeye yazacağım bir şey daha.

"Dikkat et kızım, çekil, çekil!"

Konuşan bir dolap beni ezmek üzereyken kenara çekilip tırabzanların olduğu tarafa geçtim. Dolap hem konuşuyor hem de yürüyordu. Bizim evden çıkmıştı. "Nereye gidiyorsun?" diye sordum.

Terden sırılsıklam olmuş bir adam arkadan kafasını uzatıp dolabı yere koydu. Tırabzanların ve dolabın arasında sıkışıp kalmıştım. Terli adam o kadar yakındaydı ki sıcaklığını hissedebiliyordum. Cebinde bir şey aradığını gördüm. Bir kâğıt çıkararak üzerinde yazanı okudu. "Gramsci Caddesi, 23 numara. İşte buraya gidiyorum."

Dolabı tekrar kaldırdı ve zorlanarak onu merdivenlerden aşağı taşımaya devam etti.

Ama bu benim annemle babamın dolabı!

Eve koştum. Ve kapıda bir kutuya çarptım. "Neler olu..."

"Mafalda, dikkat et canım."

"Anne, neler oluyor?"

Annem elinde bir tencere kapağıyla mutfaktan çıktı. Çantası hâlâ omzunda asılıydı.

"Taşınmaya başladık. Yeni evi hatırlıyor musun? Sen de onu görmüştün. Eşyalarımızı oraya götürmemiz gerekiyor, çünkü önümüzdeki hafta tamamen taşınıyoruz."

Elimi kapının yanında duran, üzerinde annemle babamın düğün fotoğrafının olduğu dolaba koymaya çalıştım ama elim hiçbir şeye değmeden boşlukta kaldı. Dolabın olduğu yerde sadece hava ve gri bir ışık vardı. Onu da götürmüşlerdi. Fotoğrafı sağlam bir kutuya koyup koymadıklarını merak ettim. Kırılırsa çok üzülürüm. Artık pek iyi göremesem de o fotoğrafı çok seviyorum.

Acil durum. Yine gözlüğümün camları buğulandı. Odama doğru ilerledim. Koridorda üst üste konulmuş bir sürü kutu vardı. Onlara çarpmamak için dikkatli olmam gerekiyordu çünkü görülmesi zor bir rengi vardı. Ne çirkin bir renk. Bitmiş tuvalet kâğıdının rulosunun rengine benziyordu. Annem elinde kapakla birlikte peşimden geldi. Onu arkamı dönünce görmüştüm ve bir an o olduğundan emin olamamıştım.

"Anne, odama yalnız gidebilir miyim?"

"Tamam, git. Adım attığın yere dikkat et. Makarna hazır olduğunda seni çağırırım."

Kapıda durdum. İçerisi karanlıktı. Işığı açmak için elimi yan tarafa uzatmam yeterli olacaktı. Bunu yaparken gözlerimi de kapadım. İçeri bir adım attım. Sonra odanın ortasına gelene kadar birkaç adım daha attım. Yavaş yavaş etrafımda döndüm. O an anladım. Her şeyin hâlâ yerinde olduğunu fark ettim. Henüz hiçbir şeyi götürmemişlerdi. Kendi etrafımda dönerken eşyaların orada olduğunu yüzümde ve ellerimde hissetmiştim. Bundan emindim. Mobilyalar ve eşyalar her zamanki yerlerindeydi. En son bu odayı boşaltacaklardı. Dolabıma doğru yürüyerek bir elimi üzerinde gezdirdim. Dolabın açık renkli olduğunu hissediyordum. Birkaç adım daha attım. Çalışma masamın yanına geldim. Demek kalemtıraşımı buraya bırakmışım, okulda onu bulamamıştım. Yerde hafifçe yerinden oynayan bir parke vardı. İşte o da oradaydı. Bu parkenin üzerinde yürürken sol tarafta, başımın üzerinde, kristal lambalardan gelen küçük tıngırtıyı duyardım. En son tam bu noktada kendimi aynada görmüştüm. Gözlerimi açtım. Aynanın olduğu yerde hiçbir şey yoktu.

Yaklaştım. Bir adım attım. Sonra bir adım daha. Ve bir adım daha. Belki de odayı boşaltmaya bir yerden başlamak için ilk önce aynayı götürmüşlerdi. Orada olup olmadığını kontrol etmek için elimi ileriye doğru uzattım. Daha elimi kaldırmadan arkamdan biri ateş etti ve ayna binlerce parçaya ayrıldı. Oradaydı. Tam orada duruyordu ve ben... Elimi kestim. Kanım tıpkı evin anahtarları gibi kokuyordu.

"Mafalda, ne yaptın?"

Annem koşup bağırarak mutfaktan geldi. Kırık camları ve akan kanı görünce çığlık atmaya başladı.

"Orada dur, gidip bir sargı bezi getireceğim!"

Banyoya koştu. Henüz taşınmamış dolapları karıştırdığını duydum.

Aynayı ben kırmıştım. Ona kimse ateş etmedi. Bir yumruk attım ve o da devrilip parçalara ayrıldı.

Pekâlâ Mafalda, artık aynayla aramızda hiç mesafe kalmadı. Bugün çarşamba. Pazartesi günü yeni eve gideceğiz. Daha doğrusu annemle babam oraya gidecek. Çünkü ben üç gün sonra kiraz ağacına çıkacağım ve bir daha oradan aşağı inmeyeceğim.

Mutfaktan gelen seslerle uyandım. Ağlayan biri annemle konuşuyordu. Sabah olduğu için gözlerimi kaplayan sis henüz yoğunlaşmamıştı. Bundan yararlanarak bu saatte kimin geldiğini öğrenmek istedim.

Terliklerimi çabucak giydim. Kırık cam parçalarına basmak istemiyordum. Yerleri değiştirilmiş eşyalara ve koridora yığılmış kutulara çarpamamaya dikkat ederek mutfağa gittim.

"Günaydın Mafalda. Seni uyandırdıysam özür dilerim."

Ravina'nın sesiydi. Simsiyah saçlarıyla karşımdaydı. Ona neden geldiğini sordum.

Annem masaya oturmamı isteyerek bana bir bardak çay ve kurabiye verdi. "Ravina bize veda etmek için gelmiş. Bir süreliğine Hindistan'a dönüyor."

Çaya batırdığım ıslak kurabiyem masa örtüsüne düşmek üzereydi -ki bu berbat bir şeydir. Gözlüğümü burnumun üzerine itip şaşkınlıkla ağzımı açarak Ravina'ya baktım. "Neden gidiyorsun? Ne zaman döneceksin?"

Derin bir nefes aldı. Gözleri simsiyah olmuştu. Annemin makyajını silmeyi unuttuğunda sabahları, hayvanat bahçesinde gördüğüm pandalara benzediği zamanlardaki gibiydi. Büyük kadınlar ağladığında böyle oluyor, artık bundan eminim.

"Andrea ve ben ayrıldık. Büyükannem ve büyükbabamla yaşamaya gidiyorum. Ben evde onlara yardım edeceğim, onlar da benimle kalıp bana arkadaşlık edecek."

Lap! İşte, kurabiye şimdi gerçekten de parçalara ayrılıp çayın içine düştü. Etrafa birkaç damla çay sıçramıştı. "Peki ama neden ayrıldınız?"

"Mafalda, Ravina bu konu hakkında konuşmak istemiyor olabilir."

Ravina hafifçe koluma dokunarak anneme sorun olmadığını ve buraya aslında benimle vakit geçirmek için geldiğini söyledi. Annem beni fazla rahatsız etmemem konusunda uyardıktan sonra dün akşam yemekten kalan kirli tabakları yıkamaya koyuldu. Annemi sürekli evde görmeye hâlâ alışamamıştım. Her an işe gidecekmiş gibi geliyordu ama hiçbir yere gitmiyor, hep burada kalıp beni kontrol ediyordu.

Ravina, ayrılmak isteyenin kendisi olduğunu çünkü Andrea'nın ona hiçbir zaman onu sevdiğini söylemediğini anlattı. Doğru anladığımdan pek emin değildim. "Seni seviyorum" anne babalara, akrabalara, arkadaşlara ve hayvanlara, yani herkese söylenebilirdi. Bildiğim kadarıyla insanların sevgililerine "Sana âşığım" demesi gerekiyordu. Sadece Amerika'da ve İngilizce konuşulan diğer yerlerde herkes herkese *ay lav yu* diyordu. İngilizce öğretmeni böyle söylemişti. Ravina'ya bunları söyledim.

"Doğru, ama biliyor musun bana hiçbir zaman 'Sana âşığım' da demedi."

"İngilizce bile mi?"

"İngilizce bile. Oysa ben ona en az yüz kez 'Sana âşığım' dedim." Olamaz! Ravina yüz kere *sana âşığım* demiş! Yüz tane çocuğu olacak. Onu uyarmam gerekiyordu.

Annem söylediklerimi duyunca yüzünde biraz kızgın bir ifadeyle bana döndü. "Bebekler hakkındaki bu hikâye de nereden çıktı, Mafalda?"

"Eğer birisi birine ona âşık olduğunu söylerse çocuğu olur."

"Sana bunu kim söyledi?"

"Hiç kimse." Bunun için Estella'yı suçlamalarını istemiyordum. Galiba bu bebek konusunu yanlış anlamışım. Ravina bana bir bebeğe sahip olmanın biraz daha zor olduğunu, bunun için "Sana âşığım" demenin yeterli olmayacağını anlattı. Üstelik âşık olduğu halde "Sana âşığım" demeyen biri hem bebek sahibi olamıyordu hem de hayatındaki kişiyi kaybedebiliyordu. Andrea ve Ravina için de durum böyleydi.

Annem kendisi ve Ravina için kahve hazırlarken ben de elimi yüzümü yıkayıp okul için hazırlandım. Babam bana yardım ederek çantamı sırtıma yerleştirdikten sonra kapıyı açtı. Ravina yanıma gelip bana sarıldı. Üzerinde her zamanki kokusu vardı, ama aynı zamanda kumsal ve su gibi kokuyordu. Biri ağladığında hep böyle kokar. Bence her insanın ağladığında ortaya çıkan özel bir kokusu var ve Ravina'nın kokusu da su ve kumsal. Beni sıkıca tutarak yüzümü ellerinin arasına aldı. Gözlerini neredeyse gözlerimin hizasına getirdi. Onları yakından görüyordum. Siyah değillerdi. Renkleri koyu kahverengiydi. "Unutma Mafalda, asla ama asla pes etmek yok."

"Peki. Asla ama asla pes etmek yok."

"Sen cesur bir kurbağasın."

Kapıdan çıktım. Ravina'ya hoşça kal dedim. Gözlüğümün camları buğulanmıştı çünkü Hindistan'a gitmeden önce onu son kez görüyordum. Belki de bir daha asla dönmeyecek. Dönse bile... Ben kiraz ağacında ve karanlıkta olacağım.

19

Bu çok ilginç

"Kiraz ağacında ne kadar çok çiçek olduğunu gördün mü Mafalda?"

Babamın elinden sıkıca tutmuş okula doğru ilerliyordum. Kiraz ağacına bakarak çiçeklerin ne kadar güzel olduğunu düşünüyormuş gibi yaptım. Meditasyon yapmak, yani bir şeyler üzerinde derin derin düşünmek konusunda çok başarılı olan Ravina bir keresinde bana da aynı şeyi yapmamı söylemişti. Aslında kiraz ağacından hâlâ çok uzaktaydık. Babam bazen bana "Şunu gördün mü?", "Şuraya bak!" gibi şeyler söylediğinde çok üzülüyorum çünkü bana bir şeyleri göstermek onu çok mutlu ediyor. Hiçbir şey söylemediğimi görünce benden yapamadığım bir şeyi istediğinin farkına vararak üzülüyor. Özür dilemek istediğini hissediyorum. Bu yüzden ona "Biraz daha yaklaşalım," dedim ve ikimiz de mutlu olduk.

Ama bu tür şeyler kısa bir süre öncesine kadar işe yarıyordu, çünkü çok yaklaşmış olsak bile artık babamın gösterdiği şeylerin neredeyse hiçbirini göremiyorum. Bugün kiraz ağacının ilk çiçekleri açmış olmalı. Ravina'nın bana söylediği şeyi yapmaya çalıştım. Gözlerimi kapatıp derin bir nefes aldım. Burnuma önce soğuk hava geldi ama sonra baharın kokusunu aldım. Bu koku bana büyükannemin yaptığı şekerleri ve çiçek demetlerini hatırlatıyor. Ama çiçekçilerde olan ve bir araya gelince mezarlık gibi kokan çiçeklerden değil; çayırlarda, yaşlıların bahçelerinde büyüyen gerçek çiçeklerden bahsediyorum.

Artık saymaya başlamanın zamanı geldi çünkü çiçekli bir ağaca benzeyen bir şey gördüğüme eminim. Okul, gözlerimdeki gri bulutlardan biriyle kaplı ama dalları çiçeklerle dolu ağacımın hemen okulun yanında durup beni beklediğini biliyorum. Bahar ayında kiraz ağacının çiçeklerinin nasıl olduğunu hatırlıyorum. Minik toplara benziyorlar ve yarıyıl tatilinden sonra ağaçtaki devin başının üzerinde dönen bir sürü kelebek gibi gözüküyorlar.

Ağacı çok iyi göremesem de saymaya başladım: Bir adım, iki adım, üç... Okula yaklaştıkça şeker kokan baharın tatlı ve taze kokusunu içime çekiyorum. Hava, yanımdan geçerken mavi fuları yüzüme ve saçlarıma değen ve gülümseyen bir kadın gibi. Saçlarımın bir kısmı burnumu gıdıklıyor ama onları kenara çekmiyorum. Adımlarımı saymaya devam ederek elli ikiye kadar geldim. Kiraz ağacından yirmi altı metre uzaktayım. Ama küçük bir hile yaptım. Adımları saymaya, ağacı ve yuvarlak çiçekleri gerçekten görerek değil, geçen yıldan hatırladığım görüntüyü hatırlayarak başladım. Yine de sayılır, öyle değil mi?

Bu konuyu iyi düşünmem gerekiyor. Ravina, insanın kendine karşı dürüst davranmasının önemli olduğunu söylemişti. Ne demek istediğini pek anlamamıştım ama bunun gerçeklikle ilgili bir şey olduğunu sanıyorum. İnsanın, içinden bile olsa, yalan söylememesi gerekiyor. İçinden söylenen yalanlar hakkında düşünüp yere bakarken, çok uzaktan gelen zayıf ıslık sesini duyup kafamı kaldırdım ve okulun merdivenlerine doğru baktım. Estella'nın gizli sesleniş ine benziyordu ama her zamankinden daha kısa sürmüştü.

Babamın elini bırakıp kiraz ağacının yanından geçerek merdivenlere doğru koştum. Ona dokunmasam bile ağacın gövdesinden gelen taze kokuyu almıştım.

"Estella! Dönmüşsün!"

"Evet..."

Okulun merdivenlerinden çıkmak evin merdivenlerinden çıkmak kadar kolay oldu. Ama birdenbire yalnız olduğumu fark ettim. Ne babamın elini ne Estella'nın elini tutuyordum. Merdivenin basamaklarını yanlış saydım. Toplam on yedi basamak vardı. Biri beni durdurmazsa ilk basamaktan sonrakileri genellikle ikişer ikişer çıkarım ve adımlarım hiç şaşmaz. Yani okulun merdivenlerini çıkmaktan pek korkmam. Hatta bir keresinde gözlüğümü annemin arabasında unutmuştum ve büyükannem ikinci derste onları okula getirmişti. Hiç korkmamıştım. Ama bugün korkuyordum. Bir sonraki basamağa çıkmak için atacağım adımın ne kadar büyük olması gerektiğini biliyordum ama ayaklarımın hafızası silinmiş gibiydi. Aşağıda, merdivenlerin yerine, içinde timsahlar olan lavlar varmış gibi geliyordu. Oraya düşersem timsahlar beni yiyecek ve yanarak ölecektim.

"Ah!"

Dengemi kaybettim, arkaya doğru devrildim ve düşmeye başladım. Sisin içine doğru düşmek berbat bir şey. Ama düşmedim. Estella'nın kuvvetli elleri kolumdan yakaladı ve beni üzerinde durduğu en yukarıdaki basamağa çıkardı. Gözlüğüm burnumun ucuna düştü ve yüzüm güzel kokan önlüğüne gömüldü.

İlk defa birbirimize bu şekilde sarılmıştık. Annem bana her zaman sarılırdı. Büyükannem kolları ve bacakları ağrıdığında bile beni kucaklardı. Ama Estella'da farklı bir şey vardı. Anneme sarıldığımda yumuşak bir yastığa sarılmış gibi hissediyordum. Büyükannem de öyleydi. Kalplerinin olduğu yer bir hamur gibi yumuşacıktı.

Estella da biraz öyleydi ama kalbinin olduğu taraftan *güm güm güm* diye ses geliyordu ve hamur gibi yumuşak değildi. Bunun nedenini sormak için kafamı kaldırdım. O sırada babam iyi olup olmadığımı soruyordu. Estella geri çekilip beni babama doğru çevirerek her şeyin yolunda olduğunu gösterdi.

Okula girdik. Artık bana sarılmıyordu. O kadar şaşırmıştım ki onunla konuşamıyordum. Üçüncü gözüm bana teneffüse kadar bu konuyu açmamam gerektiğini söylüyordu. Sınıfın kapısına gelince Estella'ya daha sonra yanına gidip gidemeyeceğimi sordum.

Güçlü eliyle kafamı okşadı. Amazonların kraliçesi olan her zamanki Estella gibi değil, mavi ipek fularlı gülümseyen kadın gibi gözüküyordu.

"Bugün merdivende ne oldu öyle?"

"Ne yapıyorsun?" diye sordum.

Oda karmakarışıktı. Camdan içeri süzülen ışığın içinde bir sürü toz vardı. Elimi uzattığım her yerde, parmaklarımın altında eşyaların olduğunu hissediyordum. Adımlarımı attığım her yerde bir şeye, sanırım kitaplara çarpıyordum.

Estella, annemin de kullandığı, cam temizleme spreyiyle ıslatılmış bir bezle burnumun önündeki tozları savuşturdu.

"Sen gerçekten bir küçük prensessin, değil mi? Bir soru sormak istediğinde başkalarının sorularını dinlemiyorsun bile."

"Affedersin. Peki, ne yapıyorsun?"

Estella oflayarak kumaşı katladı ve döner sandalyeyi yanımıza çekti. Üzerine oturup dönmeye başladım.

"Temizlik yapıyorum, canım. Bazen bunu yapmak gerekir."

"Biliyorum. Benim de odamı temizlemem gerekiyor ama temizlik fobim var."

Estella'nın sesinden gülümsediğini anladım. "Temizlik fobisi ne demek?"

Masaya tutunarak sandalyeyi durdurdum. "Bilmem. Bir keresinde onu bir kitapta okumuştum. Sanırım bir şeyi yapmak istemediğinde karşına çıkan engele fobi deniyor."

"Ah, anladım. Böyle şeyler olabiliyor bazen."

O an aklıma bir şey geldi. Belki de biz konuştuğumuz sırada geçen gün gördüğüm terli adam hiç temizlemediğim odama giriyor, içerideki dolabı, masayı, yatağı ve yatağın altında, içine işime yarayacak bir sürü şey koyduğum büyükannemin battaniyesini alıyordu. Eğer büyük olsaydım annemle babama başka bir eve taşınmak çok kötü bir şey *değil* der ve bunu söyleyerek aslında bunun benim için berbat bir şey olduğunu anlatmaya çalışırdım.

"Estella..."

Amazonlar kraliçesi bir tabureye oturup bir kez daha ofladı. "Ne var?"

Ellerini beline koyduğunu fark ettim. O ve Filippo aynı şeyi yapıyordu.

"Hiç korktuğun oluyor mu?"

"Elbette. Bazen ben de korkuyorum. Bu çok normal."

"Peki böyle zamanlarda ne yapıyorsun?"

"Düşünüyorum. Bir çözüm arıyorum. Eğer bir çözüm bulamazsam beni mutlu eden, güzel, eğlenceli bir şey hayal ediyorum ve artık korkmuyorum."

"Peki gerçekten çok ama çok korktuğunda?"

"Mafalda, korku her zaman kötü bir şey değildir, bunu biliyorsun değil mi?"

"Nasıl yani?"

"Bazen seni gerçekten çok korkutan şeyler olur..."

"Başka bir eve taşınmak ya da karanlık gibi mi?"

"Evet, taşınmak ve karanlık gibi. Böyle anlarda korku düşünmene engel olur. Bunun üstesinden gelebilen insanlar büyüyüp güçlenir."

"Yani böyle olunca boyun mu uzar demek istiyorsun?"

Estella gülümsedi. Yorgun gözüküyordu. Kış mevsimindeki kiraz ağacı ve yastık gibi kokuyordu (yastıkların her zaman özel bir kokusu vardır). "Hayır Mafalda, uzun boylu olmaktan değil daha cesur olmaktan bahsediyorum. Yani içindeki güçten. Korku bir süre sonra bazı şeyleri daha iyi görmeni sağlar."

"Korku daha iyi görmemi mi sağlar?" Bu çok ilginç.

Estella'nın yerinden kalkarak odanın ortasına gittiğini duydum. "Yanıma gel," dedi. Sandalyeyi çekerek ona yaklaştım.

"Ayağa kalk."

Dediğini yaptım. Biraz korkmuştum çünkü Estella gülerek konuşmuyordu. Önüne gelip ayakta durdum. Şimdi ne olacak?

Kuvvetle omuzlarımdan tutup beni kendine çekti. Bana sıkıca sarıldı. Ben de ona sarıldım. Bu, evdeki merdivenleri çıkmak kadar doğal bir şeydi. Göğsümü ve yanağımı önlüğüne dayadım ve daha önceki sesi duydum. *Güm güm güm*. Orada, kalbinin sesini yumuşatan yastık gibi bir şey olması gerekiyordu.

Onu baştan aşağı inceledim. Gözlerimdeki sis yüzünün neredeyse tamamını kaplıyordu. Sadece dudaklarının bir kısmı gözüküyordu. Pembe rujunu sürmeyi unutmuştu. Saçları her zamanki gibi simsiyahtı.

"Neden böyle olduğumu biliyor musun?"

Ne söyleyeceğimi bilemiyordum. Onu üzmekten ya da kızdırmaktan korkuyordum. "Nasıl olduğunu?" dedim, kollarının arasından boğuk bir sesle.

Oflayıp bir elimi tutup göğsünün üzerindeki cebe kuvvetle bastırdı.

Elimi hemen çekmek istedim ama Estella onu orada tutmaya devam ediyordu. "Ne hissediyorsun?"

"Hiçbir şey!"

"Bu doğru değil. Ne hissediyorsun?"

Yüzümün kızardığını, huzursuz olduğumu ve kalbimin davul gibi attığını hissediyordum. Ve de... Onun kalbinin sesini. Biraz sakinleşerek avucumun altında atan kalbini dinledim. Estella'nın kalbi de davul gibi atıyordu. Tıpkı benimki gibi.

"Ne duyuyorsun?"

Yeniden ona baktım. Gülümsedim. "Kalbini."

"Gördün mü? Önce korktun ama sonra durup düşündün ve gerçeğin o kadar da korkunç olmadığını fark ettin, öyle değil mi?"

"Hayır." Estella elimi bıraktı. "Senin göğsündeki hamura benzeyen yumuşaklık nereye gitti?"

Cevap vermedi. Belki de ne demek istediğimi anlamamıştı. "Orada olması gereken yumuşaklık." Kalbini işaret ettim.

"Ah, anladım. Göğsümün diğer yarısı. Şey... Onu arkadaşım aldı."

"Hastanedeki arkadaşın mı?"

"Evet."

"O hiç de nazik biri değil."

"Evet, bunu yapması pek hoş olmadı. Ben de bu konuyu düşünüyorum ve bir daha geldiğinde ne yapacağımı biliyorum."

"Bir planın mı var?"

Yine gülümsedi. "Sayılır. Peki senin? Senin bir planın var mı?"

Yeniden yaklaşarak onu kendime doğru çektim ve kulağını avucumun içine alarak planımı fısıldadım. "Benim planım, okulun bahçesindeki kiraz ağacında yaşamak."

Estella bir süre durup düşündükten sonra omuz silkti. "Bence harika bir plan. Yapacağın zaman bana haber ver, taşınman için sana yardım ederim."

Sonra beni odadan dışarı çıkardı çünkü içeri giriş zilini çalması gerekiyordu. Kapıyı kapadığında kendimi koşup bağıran, meyve suyuyla dolu kutuların içine üfleyip sesler çıkaran kalabalığın ortasında buldum. Aklıma mızraklarını daha iyi taşımak için göğüslerinin birini kesen Amazonlar geldi. Estella böyle yaptıklarını söylemişti. Temizlik görevlilerinin odasındaki küçük cama doğru döndüm. Bu camdan tüm okulun içi gözüküyordu. Yarıya kadar indirilmiş panjurların arasından gülümseyerek bana bakan korkutucu gözlerini görür gibi oldum. Ama siyah ve güzel gözleri bu defa beni korkutmuyordu. Sonra gözlerimi sis kapladı. Belki de Estella insanların onun gerçek bir Amazon olduğunu anlamaması için panjurları kapatmıştı.

20

Nefes alıyorum

Gözlerimi açtım.

Bütün çocuklar karanlıktan korkar ve ben de korkuyorum. Çünkü benim için karanlık, oyun için gözlerime taktığım ve bir daha çıkaramadığım bir fular gibi.

Birkaç kez gözlerimi kırptım. Karşımda gece olduğunda ardında Ay ve Kutup Yıldızı'nın, gündüz olduğunda Güneş'in gözüktüğü bir pencere olması gerekiyordu ama ben hiçbir şey göremiyordum. Odam griydi. Gözümün önünde hareket ettirdiğim elim griydi. Karanlık griydi. Bence bu renk siyahtan daha çirkin.

Ottimo Turcaret gri ve kahverengiydi. Belki karanlıktan önce de gri olan şeyleri görebiliyorumdur. Ama ayaklarımın üzerinde Ottimo Turcaret'in sıcaklığını hissetmiyordum. Ayaklarımdaki terliklere dokundum. Orada da değildi.

"Anne!"

Nefes al Mafalda, nefes almayı unutma. Mutfaktan kahve ve kekin güzel kokusu geliyordu. Babam gidip marketten bir kek almış olmalı çünkü taşındığımız için evde neredeyse hiçbir şey yoktu.

"Ne oldu, Mafalda? Daha erken. Biraz daha yat, ben birazdan seni çağırırım."

"Ottimo Turcaret nerede?"

Annem odamda yürüdü. Çıplak ayaklarının sesini duydum. Yanımdan geçerken odadaki hava hareket ediyordu. Sonra plastik bir poşetin hışırtısını, toplayıp çantaya koyduğu kıyafetlerin sesini duydum.

Bir ter damlası alnımdan kulağıma kadar süzüldü. Hiçbir şey olmamış gibi davranmak zorundaydım çünkü annem artık karanlıkta kaldığımı fark ederse bugün -ve belki de hiçbir zaman- bir yere gitmeme izin vermezdi. Beni zorla yeni eve götürürlerdi ve orada da eşyaların nerede olduğunu anlayamazdım. "Ottimo Turcaret nerede?" diye sordum yeniden.

"Hayvanlara özel bir barınakta. Baban onu dün gece uyurken götürdü. Biliyorsun, Ottimo Turcaret top patlasa uyanmaz," dedi annem gülerek.

Hayvanlar için bir barınak mı? Bu da ne demek? Hayvanlar için özel bir ev mi? Belki de kimsesi olmayan yaşlıların yaşadığı yerlere benziyordur. Ama Ottimo Turcaret kimsesiz değil ki, ben varım. Onu neden oraya götürdüler?

"Onu neden teyzemin evine götürmediniz?"

"Andrea ve Ravina'nın arasında yaşananlar yüzünden bir kediyle ilgilenmek istemeyeceklerini düşündük. Merak etme, bu geçici bir şey. Taşınana kadar."

Artık annemle konuşmak istemiyordum. Zaten onu görmüyordum bu yüzden burada yokmuş gibi davranıp onunla konuşmayabilirdim. Battaniyenin altına girerek fazla ses çıkarmadan ağlamaya çalıştım. Annem odada dolaşırken tıpkı Filippo'nun yaptığı gibi ses çıkarmadan hıçkırarak ağladım. O adım atarken yatağın titrediğini hissediyordum.

Filippo. Onunla konuşmam gerekiyor. Bugün kiraz ağacına gideceğim. Daha fazla bekleyemem, çünkü artık karanlık geldi ve canavarlar ayaklarımdan yakalayıp beni götürmeden önce ağaca tırmanmam gerek. Ama Filippo'yla da konuşmak, ona hâlâ arkadaş olduğumuzu, bir müzik grubu kurabileceğimizi ve ağacın üzerinde şarkı söyleyebileceğimi söylemek istiyorum. Belki cesaretimi toplayıp ona "Sana âşığım" derim. Böylece hiçbir zaman beni bırakmaz.

O halde hemen gitmeliyim. Yatağın kenarına oturdum ve ortalık tamamen sessizleşene kadar ayaklarımda terliklerimle hiç kıpırdamadan bekledim. Bir lunaparktaki trenin en tepesinde, tam aşağı inmek üzereyken kollarımı açıp gözlerini kapattığım zamandaki gibi hissediyordum. Tek bir fark vardı. Ben bir türlü aşağı inmiyordum. Midem bulanıyordu ama artık buna alışmak zorundaydım. Nefes aldım. Gözlüğümü almak için ileriye doğru uzandım. Aslında hiçbir işime yaramayacak ama annemle babamı her şeyin yolunda olduğuna inandırmam gerekiyor, bu yüzden onu taksam iyi olacak. Akşam gözlüğümü koyduğum dolabın üzerine elimi uzattım. Elimi o kadar korkarak hareket ettirmiştim ki çarpıp onu yere düşürdüm. İçeriden bir ses gelip gelmeyeceğini anlamak için bekledim. Mutfaktan, çıkardığım gürültüyle ilgili hiçbir şey söylemediler. Kahve fincanının kenarına çarpan çay kaşığının sesini duydum. Babam bir hipopotam gibi esniyordu. Her şey yolunda gözüküyordu. Elimi yerde gezdirerek gözlüğümü buldum ve yüzümün nerede olduğunu çok düşünmeden taktım. Bu önemli bir şey. Karanlıkta bir şeylerin üzerinde çok düşünmeden harekete geçmek gerekiyor. Ama ben korkuyordum ve Estella bana korkunca durup düşünmek gerektiğini söylemişti. Bu yöntemin benim için işe yarayacağını sanmıyordum. Diğeri neydi? Ah, tamam. Güzel bir şey düşünmek. Kiraz ağacı.

Eşyalarımı içine koyduğum battaniyeyi yatağın altından çekip çıkardım. İçinde Tombik'in pembe kabı, Chiara'nın çift kişilik şişme yatağı, müzik çalar, atlet ve temiz çoraplar vardı. Annem her zaman başıma bir şey gelir de beni hastaneye götürürlerse kirli bir çorap ve kirli bir atletle hiç hoş gözükmeyeceğimi söylerdi. Kevin, *Şerlokolms* büyütecimi geri vermemişti o yüzden onu yanımda götüremeyecektim. Aynı şey yağmurluk için de geçerliydi. Annemin bahçede, bisiklet sepetinde tuttuğu küçük şemsiyeyi alacaktım. Her şeyin yerli yerinde olup olmadığını kontrol etmek için ellerimi hızlıca eşyaların üzerinde gezdirdim. Battaniyenin köşelerini bir araya getirerek bağladım ve onu iyice iterek çantamın dibine yerleştirdim. Bugün okulda ihtiyacım olacak kalem kutumu ve kitaplarımı aldım. Çalışma masam artık yeni eve gönderildiği için onları akşamdan hazırlayıp yatağın yanındaki sandalyeye koymuştum. Battaniyeyi gizlemek için onları kullandım. Çantamı kapadım.

Evden kaçmak üzere olduğumun anlaşılmamasını, bugünün de diğer günler gibi gözükmesini umuyorum.

Gitmeden önce günlüğümü aldım. Artık yapamadığım ve benim için önemli olan şeyler listesine bir göz atmayı isterdim. Ama bunu nasıl yapabilirim ki? Keşke onları altı nokta alfabesiyle yazsaydım. Şimdi sayfalara dokunduğumda sadece defterin üzerindeki tozu, kâğıdın kıvrımlarını, nabzımın parmaklarımın ucundaki atışını hissediyorum. En azından listede hâlâ üzerine siyah çizgi çekmediğim iki şey olduğunu biliyorum. *Okuldaki kiraz ağacına tırmanmak*. Ve ikinci sayfada yazıldığı gibi *bir Amazon kadar güçlü olmak*. Belki de artık çok geç, çünkü çok yorgun olduğumu hissediyorum ve bir Amazon kadar güçlü olmak istemiyorum. Bu çok zor. Karanlık geldi ve istediğim tek şey ağaca tırmanmak. Artık kiraz ağacıyla aramda ne kadar mesafe kaldığının bir önemi yok.

21

Ottimo Turcaret'e hoşça kal bile diyemedim...

Estella, kiraz ağacına çıkacağım zaman ona haber vermemi istemiş ve bana yardım edeceğini söylemişti. Bence buna gerçekten de ihtiyacım var. Birazdan onun ıslığını duyacağım ve her şey yolunda olacak. Merdivenleri çıkmam için bana yardım edecek. Sonra zil çaldığında ağacın altında buluşmak için sözleşeceğiz. Diğerleri sınıflara dönerken ben veda edip Estella'nın yardımıyla son bir kez kiraz ağacına çıkacağım.

Dikkatle giyindim. Yine de fazla bir şey giymemeye çalıştım çünkü bunu tek başıma yapamazdım. Ne yazık ki annem bugün giymem için bir bluz seçmişti. Düğmeleri karanlıkta iliklemek zor oldu, ama onlara dokunmak hoşuma gidiyor çünkü bu bluzun düğmeleri pürüzsüz ve serin. Üstelik doğru iliğe çabucak giriyorlar. Ama bir tanesini doğru iliklememiş olabilirim. Annemin fark etmemesini umuyorum. Saçlarımı taramak için odama geldi. Kendi kendine bir şarkı mırıldanıyordu. Ona Filippo'yla aldığımız uyarıdan bahsetmemiştim. Bence şimdi sesimi çıkarmamak daha iyi olur. Zaten kısa bir süre sonra tehlikelerden uzak olacağım.

Okulun sokağına geldiğimizde derin derin nefes aldım. Bunu o kadar çok yaptım ki babam iyi olup olmadığımı sordu.

Sakin olmam gerekiyordu. Ottimo Turcaret'e bile veda etmedim, hatta onun nerede olduğunu bilmiyorum. Bildiğim tek şey, onu bir daha görmeyeceğim. Bu yüzden gözlerime yaşlar doluyor.

Babam ağladığımı duymamalıydı, yoksa bir şeylerin yolunda olmadığını fark ederdi. Elini sıkıp ona kiraz ağacını işaret ettim. Aslında nerede olduğundan tam olarak emin değildim ama yine de denedim. "Ağaçta yaşayan dev ve büyükannem dallara en güzel çiçekleri koymuşlar, değil mi baba?"

Bahar mevsimiydi, bir önceki gün çiçeklerden bahsetmiştik ve sabah rüzgârı burnuma şeker kokusunu getiriyordu. Ağladığımı belli etmemek için böyle bir konu açmak işe yarayabilirdi. Babam aynı fikirde olduğunu söyleyerek elimi sıktı.

Zavallı babam. Onun en sevdiği kitapta Cosimo'nun ağaca çıkmasının sebebi babasıydı -ya da ben öyle anlamıştım. Cosimo'nun babası çok sert bir adamdı ve ona zorla ablasının yaptığı çirkin yemekleri yediriyordu. Bana zorla ton balığı yedirmiş ve yeni bir eve taşınmamıza karar vermiş olsa da benim babam çok iyi biri. Ağaca çıktığım zaman bir mektup yazıp bütün bunları ona anlatacağım.

"Geldik," dedi. Neredeyse kiraz ağacının gövdesine çarpacaktım. Estella ıslık çalmamıştı.

"Galiba arkadaşın bugün yok. Sana içeriye kadar eşlik edeceğim," dedi babam. Merdivenlere doğru yöneldiğini fark ettim.

"Gerek yok, ben kendim giderim."

Merdivenleri çıkmaya başladım. Küçük beyaz yıldızın altındaki kalbim hızla atıyordu. Estella'nın hediye ettiği tişörtü bluzumun altına giymenin onu yanımda götürmenin en iyi yolu olduğunu düşünmüştüm.

"Emin misin?"

Arkamı dönmeden cevap verdim. "Evet. Güle güle."

"Peki, hoşça kal. Görüşürüz."

Okulun kapısına gelip sınıfa kadar diğerlerini takip ettim. Bir elimle duvarlara dokunarak ilerliyordum ama dikkat çekip öğretmenlerin fark etmesine engel olmak için bunu çok fazla belli etmemeye çalıştım. Neyse ki bugün hiç sınavım yoktu ve Fernando beni rahat bırakmıştı.

Ara olduğunda ne yapacağımı bilmiyordum. Öğretmenlerin dikkatini çekmemek için fazla hareket etmemeye çalıştım. Ona ihtiyacım olduğu böyle bir günde Estella'nın nerede olduğunu merak ediyordum. Üzerinde lekeli bir gömlekle yanımdan geçen temizlik görevlisinin sesini duydum. Telefonda konuşuyordu.

"Affedersiniz."

Konuşmaya ara verdi. Kızdığını anladım. "Ne var?"

"Estella nerede?"

"Ben nereden bileyim? Durmadan hasta oluyor ve işleri bana kalıyor."

"Hasta mı?"

"Evet, bundan sana ne? Kızı mısın?"

"Hayır. Benim adım Mafalda."

Lekeli gömlekli temizlik görevlisinin sesi değişti. "Mafalda mı dedin?"

"Evet."

"Senin için bir mektup bırakmıştı. Burada bekle, gidip onu sana getireyim."

Telefonla konuşarak yürümeye başladı. Sesini takip ettim. O sırada biri bana çarptı. Filippo olmasını umuyordum ama o büyük ihtimalle sınıfında cezalıydı. Bu bazen -aslında oldukça sık- oluyordu.

"Al bakalım. Şimdi sınıfına dön, zil çalmak üzere."

Estella'nın mektubu elimdeydi. Zarfın içinde ortadan ikiye katlanmış bir kâğıt vardı. Kısa bir mektup olmalıydı. Neden yüzüme söyleyebilecekken bana bir mektup yazmış ki? Birinin bana mektubu hemen okuması gerekiyordu, çünkü üçüncü gözüm bana bağırarak bu mektupta Estella'nın nerede ve nasıl olduğunun yazılı olduğunu söylüyordu. Filippo'yu bulmam gerekiyordu.

"Anne, bugün beni Filippo'nun evine götürebilir misin?"

"Bugün olmaz, Mafalda, taşınma için eşyaları toplamamız gerekiyor."

Arabadaydık. O kadar huzursuzdum ki beden eğitimi dersinden sonra gözlüğümü takmayı unutmuştum. Diğerleri engelli yarış yaparken Fernando bana aptalca alıştırmalar yaptırmıştı. Bu yüzden gözlüğüm cebimde kaldı. Çantamın yarısı boştu çünkü battaniyemle birlikte eşyalarımı beden eğitimi salonunun soyunma odasında bırakmıştım. Böylece sonrası için hazır olacaklardı. Öğleden sonra okul, İngilizce, satranç ve müzik kursları için saat altıya kadar açıktı. Daha sonra gidip eşyalarımı alarak ağaca çıkacaktım.

Ama şu an hiçbir şey yolunda gitmiyordu.

"Ama daha bir gün var!"

"Neye?" diye sordu annem. Bağırarak konuştuğum için şaşırdığı anlaşılıyordu.

"Yeni eve taşınmaya! Pazartesi günü gideceğimizi söylemiştin."

"Biliyorum ama daha önce gidersek daha iyi olur, öyle değil mi? Böylece odanı yerleştirebiliriz ve sonra da komşularla tanışmaya gide..."

Artık onu dinlemiyordum. Bugün taşınacaksak her şey bitmişti. Yapacak tek bir şey vardı: Gizlice evden çıkacak, Filippo'ya gidecek, mektubu okutacak, Estella'nın nerede olduğunu öğrenecek ve annemle babam beni bulmadan ağaca tırmanacaktım.

22

Okuldaki kiraz ağacına tırmanmak

Ter, toz ve karton kokan başka adamlar yanımdan geçiyordu. Onların kendi aralarında konuştuklarını ve eşyaları taşıdıklarını duydukça evin boşaldığını anlıyordum. Sesler duvarların arasında yankılanıyor, kutular parkeleri titretiyordu. Ellerimle kulaklarımı kapamak istiyordum ama beni fark edecekler diye bunu yapamıyordum.

Bize gelip bana Estella'nın mektubunu okuması için Filippo'ya telefon etmek istiyordum ama karışıklık ve gözlerimdeki karanlık yüzünden annemin telefonunu bulamadım. En sonunda daha fazla dayanamayarak annemin sesinin geldiği tarafa doğru yürüdüm. O sırada terli adamlara bisikletini de kamyona koymalarını rica ediyordu.

"Anne, bana bir şey okur musun?"

Annem eski gazete gibi kokan bir şeyi sallayarak serinlemeye çalışıyordu. "Mafalda, şimdi hiç vaktim yok. Büyütecini kullan tatlım."

"Onu okulda bıraktım."

Bana iyice yaklaşarak yüzümdeki saçları kenara çekti. Daha önce topladığı saçlarım beden eğitimi dersinde biraz gevşemişti. Her şeyin yolunda olup olmadığını anlamaya çalıştı. Gözlerime bakıp içerideki ışığın söndüğünü fark etmesinden korktum. Korktuğum zaman ne yapmam gerekiyordu? İyi bir şey düşünmek. Kiraz ağacı. Gülümseyerek saçlarımı taraması için arkamı döndüm. Rahatlamıştı. "Peki, sana ne okumamı istiyorsun?"

Ona Estella'nın mektubunu uzattım. Başımın üzerinde kâğıdı açtı. "Vay canına, ne kadar da büyük yazmış. Ve senin sevdiğin gibi siyah kalem kullanmış. Bence büyüteç olmadan bile okuyabilirsin."

"Gözlüğüm de yok. Özür dilerim. Sen okur musun, lütfen?"

"Peki. Şöyle yazıyor: '*Sevgili Mafalda, bir süre önce pek de nazik olmayan bir arkadaşımın benden bir parça aldığını söylemiştim, hatırlıyor musun? Ama Estella hiçbir zaman yalan söylemez. Sadece gerçekler. Bu yüzden gerçeği bilmen gerekiyor. Aslında bahsettiğim kişi bir arkadaşım değil, kötü bir hastalıktı. Şimdi bu hastalık yeniden geldi ve benden bir parça daha almak istiyor. Belki de beni tamamen alıp götürecek. Bu yüzden hastanedeyim ve gizli ıslığımızı çalamıyorum...*' Ah, Mafalda, çok üzgünüm!"

Annem okumaya devam etmedi. Sesi gerçekten de üzgün geliyordu. Kafamda anlamadığım bir sürü kelime dönüp duruyor, gözlerim acıyordu. Mektubu elinden aldım. "Yeter, okuma artık!"

Bana nereye gittiğimi sorarken annemden ve onun sesinden uzaklaştım. Bağırarak ona yalnız kalmak istediğimi söyledim. Odamı şans eseri bulduktan sonra daha önce bıraktığım yerden, kapının arkasından günlüğümü aldım. Üzerlerinde listemin de yazılı olduğu ilk birkaç sayfayı yırttım. Kapıdan çıkıp hiçbir yere dikkat etmeden merdivenlerden koşmaya başladım ve binanın kapısından geçerek bahçeye geldim. Bana yavaşlamamı ve çok fazla uzaklaşmamamı söyleyen babamın sesini duydum.

Arka tarafa bakan çitlere yaslanarak soluklandım. Karanlıkta koşmaktan nefret ediyorum. Bunu bir daha söylemeyeceğime söz vermiş olsam da söyleyeceğim: Nefret, nefret, nefret, nefret, nefret, nefret, nefret, nefret ediyorum! Her şeyden nefret ediyorum. Yeni evden, okuldan, arkadaşlarımdan nefret ediyorum. Büyükannelerden nefret ediyorum çünkü ölüyorlar. Kedilerden nefret ediyorum çünkü ortadan kayboluyorlar ve kiraz ağacından aşağıya inemiyorlar. Sevgililerden nefret ediyorum çünkü "Sana âşığım" demiyorlar. Kendimden de nefret ediyorum çünkü herkes görüyor ama ben göremiyorum.

"Hey, iyi misin?"

Tanımadığım bir sesti. Caddenin karşı tarafından geliyordu. Büyükannemin evinde yaşayan gıcık komşular.

"Neden perdeleri değiştirdiniz?!" Attığım çığlıklar beni bile şaşırtmıştı. Gözyaşlarım ağzıma doluyordu. Bu kadar çok ağladığımın farkında bile değildim. Ellerimle çitin üzerindeki sürgüyü aradım ve onu açıp kapıyı kendime doğru çekerek dışarı fırladım. Geçen sonbaharda Filippo'nun benimle konuşmak ve Ottimo Turcaret'i okşamak için durduğu kaldırımdaydım.

Evleri bizim evden çok uzakta değildi. Baskılı tişörtlerin satıldığı mağazanın önünde durup ona bağırarak seslendiğimde dışarı çıkıp hastaneye gitmem için bana yardım edebilirdi. Hastaneye gitmek istiyordum çünkü Estella'ya benim için vazgeçilmez olan şeyin ne olduğunu söylemem gerekiyordu. Belki ona bunu söylersem ağacın gövdesindeki dev ve büyükannemle birlikte yaşamaya gitmez, burada kalıp ağaca çıkmam için bana yardım ederdi. Belki bana kedilerin neden kiraz ağaçlarından inemediğini söylerdi.

Yolumu kaybetmeden kaldırımda hızlı yürümeye çalıştım. Bir elimle yanından geçtiğim bahçelerin çitlerine ve kapılarına dokunuyordum. *Ah!* Karanlıkta kalınca insanın canı daha çok acıyor çünkü canını yakan şeye hazırlıksız yakalanıyorsun. Orta parmağımın tırnağına kıymık saplandı. Bence bu birçok şeyden daha fazla can yakıyor. Ama durup ağlayamazdım. Bu vakit kaybı olurdu. İlerlemem gerekiyordu. Bu duvara daha önce dokunduğumu hissettim çünkü duvardaki boyanın üzerindeki kabartılarını tanıdım. Bir süredir bizim evin bulunduğu sokakta dönüp durduğumu anladım. Sokağın sonunda annemin arabasının sesine benzeyen bir ses duydum. Bana doğru yaklaşıyordu. Önümde görünmemi engelleyen bir şey olup olmadığını bilmesem de yere eğilerek başımı kollarımın arasına sakladım. Araba yanımda durmadan geçip gitti. Yeniden yürümeye başladım. Sol tarafta üzerinde zil olan bir kapı açıldı. İçeriden birbirlerini selamlayan insanların sesi geliyordu. Birbirine çarpan bardakların çıkardığı sesi duydum. *Çın!* Sokakları karıştırmıştım ve nereye gideceğimi bilmiyordum, ama kendimden emin ve sakin bir tavırla ilerlemeye devam ettim. Uzun bir süre yürüdükten sonra bir kadının bana bir şey sorduğunu duydum. Sesinden çok genç ya da yaşlı olmadığı anlaşılıyordu. Kendi düşüncelerime daldığım için ne dediğini pek dinlemedim.

"Bekle bir dakika! Yalnız başına nereye gidiyorsun?"

Karanlıkta olduğumu anlayıp beni annemle babamın yanına götürmesin diye yüzüne bakmamaya çalıştım. "Eve gidiyorum."

"Bu saatte ve yalnız başına mı? Kaç yaşındasın sen?"

"Neden, saat kaç ki?"

Bir sessizlik oldu. Galiba kadın saatine baktı.

"Altı. Hava karardı."

Of, olamaz! İki saattir sokaklarda dolaştığımı fark etmemiştim. Spor salonundan büyükannemin battaniyesini almak için geç kalmıştım. Evin bahçesine dönmeyi başarırsam şanslıydım. Neyse, önemli olan tek şey Estella'nın yanına gitmekti. Battaniyeyi sonra düşünebilirdim.

"Nerede oturuyorsun?"

Ona beni rahat bırakmasını, bir yabancı olduğunu ve adresimi yabancılara veremeyeceğimi söylemek istedim ama sonra bana yardım edebileceğini düşündüm. "Baskılı tişörtlerin satıldığı mağazanın yakınındaki bir eve gidiyorum ama evim orası değil. Orada teyzem oturuyor. Biz başka bir yerde oturuyoruz. Oraya gitmeme yardım eder misiniz? Kayboldum ve geç kalırsam teyzem bana çok kızar."

Kadın pek ikna olmamıştı. "Teyzen kim? Belki tanıyorumdur."

"Adı Cristina. Tişörtlere baskı yapılan mağazada çalışıyor. Oraya gitmeme yardım eder misiniz? Eğer geç kalırsam teyzem..."

"...sana kızar, tamam, anladım. Hadi gidelim. O mağaza köşenin arkasında. Buraya çok yakın."

Kadın elimi tuttu. Biraz korkuyordum çünkü beni kandırıp kaçırabilirdi. Ama biraz yürüdükten sonra geldiğimizi söyleyerek elimi bıraktı. "İşte aradığın mağaza şurada, tam karşıda."

Hızla yoldan geçen arabaların sesini duyuyordum. Sonra da bisikletin zilinin tanıdık sesi geldi. *Ding ding ding!* "Filippo!"

Kadın sokağa doğru dönerek "O, senin kuzenin mi?" dedi.

Öyle olduğunu söyledim. Mutluydum çünkü teyzemin gerçekten orada yaşadığını ispatlamıştım ve kadın artık gidebilirdi.

Sokağın karşı tarafından Filippo'nun sesini duydum. "Merhaba, Mafalda!" Piyano dersinden yeni dönmüş olmalıydı.

Kadın bana veda ettikten sonra kaldırımdan inerek yola doğru adım attım. Filippo'nun yanına geldiğim için öyle mutlu olmuştum ki sesleri dinlemeyi, etrafımdaki şeylerin hareketlerini anlamak için havayı kontrol etmeyi unutmuştum. Duyduğum tek şey Filippo'nun bağıran sesiydi. "Mafalda dur!" Sonra biri korna çaldı ve taşınmak için kullanılan kutulara benzeyen bir kutunun yere devrilip içindeki her şeyin etrafa yayıldığını duydum.

Bir süre sessizlik oldu. Arabalar artık ilerlemiyor, kaldırımdaki insanlar konuşmuyordu. Belki de dünya durmuştu. Ben de hareket etmiyordum. Bir ayağım yolda bir ayağım kaldırımdaydı. Arkada kalan bacağım hafifçe kıvrılmıştı ve günlüğüm elimdeydi. Beyaz yıldızın altında atan kalbimin sesini bile duymuyordum.

Sonra kadının, sokakta, arabalarda, balkonlarda ve camlarda olan diğer insanların seslerini ve etrafımdaki gürültüleri duydum. Adımlar hızla ilerliyor, insanların hareketleri havada hissediliyordu. Tüm bu sesler, herkes ve her şey birbirine karıştı. Defteri yere bırakarak Filippo'nun bana bağıran sesini duymamak için ellerimle kulaklarımı kapadım. "Mafalda, Mafalda!" Hiç durmadan koşmaya başladım. Sonra büyük, pis kokan bir şeye çarptım. Bir çöp kutusu. Ellerimin üzerine doğru yere düştüm. Kimse beni umursamadı. Hemen ayağa kalktım. Elimle duvara dokunarak hızla yürümeye devam ettim. Ne kadar zaman geçtiğini bilmiyorum ama bir süre sonra gözyaşlarıyla dolan ağzıma ve burnuma büyükannemin yaptığı şekerin kokusu geldi. Okulun sokağındaki taşların ayaklarımın altında olduğunu hissettim. Etrafta hiç ses yoktu. Kapıya doğru koştum. Açıktı. İçeri girerek kiraz ağacının gövdesine sarıldım. Serindi. Yanımda gözlüğüm, büyütecim yoktu. Ay, Kutup Yıldızı, Ottimo Turcaret, Estella, Filippo yoktu. Hiç ama hiç durmadan ağaca tırmandım. Artık yukarıdaydım.

Karanlık.

Geceleri gözlerimin içindeki her şey koyu gri renkteydi ve yağmur dolu bir bulut gibi sessizdi. Beni ayaklarımdan yakalamak isteyen canavarlar kiraz ağacının altında bekliyordu. Aşağı düşmekten korkuyordum ama çok yorgundum. Gerçekten çok ama çok yorgundum.

Üzerinde oturduğum dalda kıvrılarak yattım. Islak yüzümü dala dayadım. Dal da ıslaktı. Ona sıkıca sarıldım. İşte geldim, büyükanne buradayım, benim, Mafalda. Yuvarlak çiçeklerin ve devin yeşil saçlarını koklayarak uykuya daldım.

Gördün mü Cosimo? Sonunda geldim işte.

Biliyor musun, büyükannemle, devle birlikte burada olduğundan emindim. Tak tak! Dala vuruyorum ama kimse dışarı çıkıp yanıma gelmiyor. Tahmin etmeliydim. Sen de ağaçların üzerinde tek başınaydın. Belki de burada yaşamak o kadar güzel değildir, ne dersin? Peki, sen neden bunu yaptın? Ya da ben neden bunu yaptım? Dallar sert ve hiç de rahat değiller. Burası çok soğuk, rahatsız ve ihtiyacım olan her şeyi evde bıraktım.

Estella üzgün olduğumda güzel bir şeyler düşünmemi söylüyor. Tüm dikkatimi veriyorum ve Estella'yı düşünüyorum. Biraz uykuya dalıp hayal kurmak istiyorum. Ne zamandır bunu yapmayı düşünüyordum...

23

Bir Amazon kadar güçlü olmak

"Mafalda."

"..."

"Mafalda, uyan."

Aşağıdan gelen sesle ve yanağımda duyduğum acıyla uyandım. Her şey hâlâ gri ve soğuktu. Dalın üzerinde doğrularak oturdum. Sırtımı kiraz ağacına dayayarak dizlerimi göğsüme doğru çektim. Ama karanlık o kadar koyuydu ki, dengemi kaybettim. Nereye tutunacağımı bilemediğim için neredeyse aşağı düşecektim. Yine gözlerimden yaşlar boşalıyordu. Onları gömleğimin koluyla sildim. Aklıma Filippo geldi.

"Yüzüme bakmayacak mısın?"

Estella.

Orada olmasının mümkün olmadığını biliyordum ama sanki zayıf bedeninin üzerindeki önlüğünü, pembe rujunu, siyah kalem çektiği gözlerini ve ellerini Filippo gibi beline koyduğunu görebiliyor gibiydim.

"Bana merhaba bile demeyecek misin?"

"Affedersin. Hastanede olduğunu sanıyordum. Senin yanına gelecektim."

Birkaç adım atıp yaklaşarak ağacın gövdesine dayandı. Oraya yaslandığını yukarıdan hissetmiştim. "Ama yaptığın tek şey annenle babanı endişelendirmek oldu. Öğleden beri seni arıyorlar. Neyse ki ben seni buldum."

"Evet, iyi ki beni buldun."

Bir süre hiç konuşmadık. Üzerimdeki dalda bir cırcır böceğinin sesini duydum. Cırcır böceklerini seviyorum. Onlar kiraz ağacına ve başka yüksek yerlere çıkabiliyor.

Aşağıya, Estella'ya doğru baktım. "Estella, sen kedilerin neden kiraz ağacından aşağıya inemediğini biliyor musun?"

O da kafasını kaldırıp bana baktı. "Kiraz ağacından mı?"

"Evet, kiraz ağacından. Neden olduğunu biliyor musun?"

Estella derin bir nefes aldı. "Her zamanki gibi bir soru sorduğunda..."

"Neden olduğunu biliyor musun?"

Sesinden gülümsediği anlaşılıyordu. "Elbette biliyorum."

"Peki neden? Neden inemiyorlar?

"Çünkü doğaları buna uygun değil. Yukarı çıkmak için pençeleri var. Ve ağaçtaki şeyler ilgilerini çekiyor."

"Kiraz gibi şeyler mi?"

"Kiraz ve kuş gibi şeyler."

"Belki de bir kelebeği kovalıyorlardır."

"Belki."

"Ama sonra aşağı inemiyorlar."

"Aynen öyle."

"Ama neden atlamıyorlar? Kediler çok ileri ve uzağa atlayabilir."

"Peki Mafalda, sana doğruyu söyleyeceğim. Kediler kiraz ağacından aşağı inemezler çünkü korkarlar."

Ona doğru eğilip ayaklarımı karanlıkta salladım. "Neden korkuyorlar?"

"Düşmekten ve kendilerine zarar vermekten."

"Yani ölmekten mi?

"Evet."

Yine sessizlik oldu. Bacaklarımla daldan destek alarak ellerimi başımın üzerine kaldırdım. Ağacımın yaprakları ve yumuşak çiçeklerine dokununca bazıları kopup burnuma düştü, diğerleri kollarıma çarpıp yere düşerek hafif bir ses çıkardı. Çok kısık sesle Estella'ya onun da ölmekten korkup korkmadığını sordum.

Estella, kiraz ağacına tırmanınca her şey sallanmaya başladı. Yanımdaki dala çıkınca durdu.

"Elbette korkuyorum. Sen de korkuyorsun, değil mi Mafalda?"

Elime düşen ipek gibi yumuşak bir çiçekle oynadım. "Evet. Karanlıktan korkuyorum."

"Şimdi de karanlıktasın ama pek de korkmuş gibi görünmüyorsun. Kiraz ağacına çıktın."

Gözlerimi kaplayan griliğin içinden ona baktım. Yüzü görebileceğim kadar yakındaydı ama onu gördüğümden pek emin değildim.

"Karanlıkta olduğumu nereden biliyorsun?"

"Benim de senin gibi üçüncü gözüm var."

"Annemle babama söyleyecek misin?"

"Bunu kendileri de anlayabilir. Biliyor musun, bütün anne babalar gibi onların da üçüncü gözü var."

Bacaklarımı yeniden göğsüme doğru çektim. "İyi. Ben bir daha buradan aşağı inmeyeceğim."

Estella ağaca iki kez vurdu. "Bence iyi bir fikir. Çiçekler var, dev var, büyükannen var... Onunla konuşmayı denedin mi?"

"Evet, ama..."

"Büyükannen sana cevap vermedi, öyle değil mi?"

"Evet, ama şu an gece. Uyuyordur."

"Neredeyse sabah oldu, Mafalda."

Gözyaşlarımı görmemesi için kafamı diğer tarafa çevirdim.

Estella benim dalımdan biraz daha aşağıdaki bir dalda oturuyordu. "Mafalda, kiraz ağacından inebilen bir kedi olduğunu biliyor musun? Çok uzun zaman önce, Mısırlıların piramitleri inşa ettikleri zamanlarda kedilerin kutsal olduğuna inanıyorlarmış. Firavunun hizmetindeki kâtiplerden biri kedisine kiraz ağacından inmeyi öğretmeye karar vermiş, çünkü kedilerin özel olduğunu biliyormuş. Ayrıca krala bir sürpriz yapmak istiyormuş."

"Kedi ne renkmiş?"

"Gri ve kahverengi."

"Ottimo Turcaret gibi!"

"Evet, aynı senin şişko kedin gibi."

"Peki Mısır'da kiraz ağacı var mıymış?"

"Elbette. Orada hiç görmediğin kadar yüksek ve güzel kiraz ağaçları varmış. Ama artık yok, çünkü hepsini kesmişler."

"Neden?"

"Piramitlere yer açmak için."

"Anladım."

"Neyse, kâtipten bahsediyordum. Adam çok etkili bir yöntem kullanarak kedisine ağaçtan inmeyi öğretmiş. Yaptığı şey kediyi ağaca çıkarıp orada bırakmakmış."

"Nasıl yani? Onu kiraz ağacında mı bırakıyormuş?"

"Evet. Bir keresinde onu geriye kalan son kiraz ağacında bırakmış. Piramit neredeyse bitmek üzereymiş. Kiraz ağacı tam da en alttaki basamağı yapacakları yerde duruyormuş."

"Peki ya sonra? Kediye ne olmuş? Herhalde üzerinde kedi varken ağacı kesmemişlerdir."

"Daha kötüsü. Aslında başlangıçta ağacı kesmek istemişler ama bu kiraz ağacı Mısır'daki en güzel ağaç olduğu için son anda onu kesmekten vazgeçerek piramidi onun üzerinde ve etrafında inşa etmeye karar vermişler. Eğer kedi aşağı inmezse onun için her şey daha kötü olacakmış.

"Bu doğru olamaz."

Estella güldü. "Ama biliyor musun, kedi kurtulmuş."

"Doğal olarak. Yoksa ağaçta kalıp sonsuza dek piramide hapsolurdu!"

"Ve orada ölürdü."

"Yiyecek ve içecek bir şey bulamayacağı için mi?"

"Evet. Ayrıca içeride hava ve ışık da yok. Kedilerin karanlıktan nefret ettiğini biliyor muydun?"

"Evet ama parlayan gözleri sayesinde geceleri görebiliyorlar. Çok şanslılar."

"Evet, ama kâtibin kedisi bu özelliği sahip olmasına rağmen ağaçta kalmaktan korkuyormuş. Köleler kiraz ağacının etrafına büyük kayalar koyarken sahibi ona yardım etmediği için zavallı kedi çaresizce ağlıyormuş. Etraftaki herkes kâtibe çok geç olmadan kediyi kurtarması için yalvarmış ama o bir firavunun kedisinin ağaçtan inmeyi başarması gerektiğini söylüyormuş."

"Acımasız biriymiş."

"Biraz. Ama yorgunluktan ölmek üzere olan köleler son taş bloğunu yerleştirmek üzereyken kedi pençelerini tutunduğu ağaç kabuğundan çekmiş ve iki ya da üç sıçrayışta kiraz ağacından aşağı inmiş. Ve böylece kurtulmuş."

"Yani bu kedi hâlâ ortalar da mı dolaşıyor?"

"Öyle gözüküyor."

Bir süre sesimi çıkarmadan kendi kendime gülümsedim. "Demek ki kedi gerçekten ağaçtan inmeyi öğrenmek istemiş!"

"Korkarak yaşamak, yaşamak değildir, Mafalda."

Yüzümde büyük bir gülümseme vardı ve gözlerim yanıyordu. Korkarak yaşamak, yaşamak değildir; korkarak yaşamak,

yaşamak değildir... Kâtibin kedisinin hikâyesini tam olarak anladığımdan emin değildim. Hem çok güzeldi hem bana kendimi kötü hissettiriyordu. Tıpkı Filippo'nun müziği gibi.

Estella'ya doğru döndüm. Ağaçtan inmeye başlamıştı. "Nereye gidiyorsun?"

"Bu konuyu düşünmen gerekiyor, Mafalda. Senin için vazgeçilmez olan ne?" Yere atlayıp yukarı baktı.

"Benim için vazgeçilmez olan burada kalmak."

"Emin misin?"

"Evet. Bu listemdeki en soy şeydi."

"Eski listendeki mi yeni listendeki mi?"

"Yeni liste mi?"

"Eski listenin başlığını değiştirerek yazdığın yeni liste. Çıkar o listeyi."

Cebime götürdüğüm parmaklarım, tıpkı Filippo'yla aldığımız uyarı notu gibi buruşmuş bir kâğıda değdi. Onu elime aldım. Üzerinde ne yazdığını göremiyordum ama onun benim listem olduğunu biliyordum. Mafalda'nın listesi. *Çok sevdiğim ama artık yapamadığım şeyler*.

Estella benimle gerçekmiş gibi konuşuyordu, bu bir rüya değildi. O, bana her zaman doğruyu söylerdi. "Gördün mü? Yapman gereken tek şey başlığı değiştirmek. *Yapmayı çok sevdiğim şeyler*. Kiraz ağacındasın, Mafalda. Oraya karanlıkta çıktın, değil mi?"

Kâğıdı elimde tutarak sessizce bekledim.

"Kâtibin kedisi kendisi için vazgeçilmez olan şeyin ne olduğunu anlamasaydı çoktan ölüp gitmişti."

İki elimle sıkıca dala tutundum ama içimdeki ses bir şeyler söylüyordu. "Karanlıktayım Estella, sen de bunu biliyorsun. Korkuyorum."

"Korkarak yaşamak, yaşamak değildir, Mafalda. Hadi, sana nasıl inileceğini öğretmiştim. Ayağını oraya koy..."

Tamam. Yapıyorum.

"Böyle mi?"

"Evet, öyle. Şimdi atla..."

"Beni tutacak mısın?"

Estella cevap vermedi.

"Beni tutacak mısın?"

Bir dalda sallanıyordum. Bir ayağımı ağacın gövdesindeki bir oyuğa yerleştirdim. Diğer bacağım boşluktaydı. Dalın ne kadar yüksekte olduğunu bilmiyordum. Etrafımdaki gri renk biraz aydınlanmıştı. Sabah olduğunu anladım. Dün akşam düştüğüm için kollarım, ellerim ve dizlerim ağrıyordu. Kendimi yere bırakmak istiyordum ama korkuyordum. Hayatı boyunca ağaçtan hiç inmeyen Cosimo'yu düşündüm ve biraz üzüldüm. Ben sadece bir gece hatta birkaç saat ağaçta kalmıştım.

"Estella, bana yardım et!"

Estella cevap vermedi ama kulaklarımın içinde onun sesini duyuyordum. Bunu tek başıma başarmam gerektiğini söylüyordu. Şişko bir kediden daha beceriksiz olamazdım, öyle değil mi?

Gözlerimi kapadım. Karanlık simsiyahtı. Ay ya da Kutup Yıldızı ortalarda yoktu. Yorgundum. Belki dalı bırakıp kafamın üstüne düşmek daha kolay olurdu. Böylece hastaneye gidebilirdim. Belki de beni Estella'nın odasına yatırırlardı. Bu düşünce beni daha da korkuttu. Estella ve Filippo benim için vazgeçilmezdi. Pes edemezdim.

"Asla ama asla pes etme," diye tekrar ettim kendi kendime. "Asla ama asla pes etme!"

Gözlerimi açtım. Ayağımı ağaçtaki oyuktan çektim. Karanlıkta sallandım. Kiraz ağacı parmaklarımın altında titriyormuş gibi kıpırdadı. Biraz kaydım. Sonra dalı bıraktım ve atladım.

24

Çok sevdiğim şeyler

Düşmeye devam ediyordum.

Yanaklarıma değen hava serin ve karanlıktı.

Düşmek kötü gelmiyordu. Lunaparktaki trene bindiğim zamanlarda olduğu gibi karnım ve kalbim heyecanla titriyordu. Bu hem çok güzel hem de çok korkutucuydu. Annem, babam ve büyükannemle birlikte lunaparkta küçüklerin bindiği bir trende çektirdiğimiz fotoğrafı hatırladım. Büyükannemle benim saçlarımız dağınıktı. Kollarımızı havaya kaldırmıştık ve iyice açtığımız ağzımızın içindeki bütün dişler gözüküyordu (büyükannemin takma dişleri bembeyazdı). O, lunaparktaki oyuncaklara bindiği zaman kollarını havaya kaldırmayı severdi. Heyecanla attığı çığlıkları ve fotoğraf makinesinin flaşını hatırlıyorum. Beyaz, parlak bir ışıktı.

Düşerken kendimi bir ışığın içindeymişim gibi dışarıdan görüyordum. Sanki gözümün önünde başka bir Mafalda düşüyordu.

Ama gözlerinde karanlık yoktu ve yüzüme bakıyordu. Birlikte düşerken saçlarımın havada olduğunu, az önce dala tutunan kollarımı yukarıya kaldırdığımı, kıyafetlerimin havayla dolup şiştiğini söylüyordu. Komik görünüyor olmalıydım. "Gözlerini aç," dedi. "Bu çok eğlenceli."

Gözlerimi açtığımda her yerde ışık vardı. Canavarların hepsi çizgi film kahramanları gibiydi. Büyükannem, Ravina, Estella, Filippo ve Ottimo Turcaret'le beraber ayaklarını yere vuruyorlardı. Cosimo ve Viola da oradaydı. Benim düşüşümü alkışlıyorlardı. Onları çok net görüyordum. Hepsi bir aradayken sirk sanatçılarına benziyorlardı. Önümde düşen Mafalda gülerek yukarıyı işaret etti. Ben de yere düşmeden önce gökyüzüne bakarak evrendeki bütün yıldızları sayabildim.

Çok az kaldığını hissediyordum. Benimle birlikte düşen kız el sallayarak bana veda etti, sonra da birdenbire ortaya çıkan kırmızı balonlara tutunarak gökyüzüne doğru yükseldi. Önce ağacın tepesine, sonra okulun çatısına uçtu. En sonunda gökyüzüne çıkarak bir yıldızla top gibi oynamaya başladı. Büyükannem de Ay ve Kutup Yıldızı arasındaki kaleye geçmişti.

Spor ayakkabılarım bahçenin zeminine tahmin ettiğimden önce değdi. Ayaklarımdan sonra bileklerim, dizlerim, kalçam, sırtım, omuzlarım ve saçlarım da geldi. Ellerim yerdeydi. Boş bir poşet gibi buruşmuştum. Ayaklarım acıyordu ama hiçbir şeyim yoktu.

Etraf hâlâ karanlıktı. Ayağa kalktım. Birine seslenmek üzereydim ama sesleneceğim kişinin adını hatırlamıyordum. Sadece kendi ismimi hatırladım.

"Mafalda!"

Babamın sesi uzaktan geliyordu. Nefes nefese kaldığı, hatta belki ağladığı belli oluyordu. Ağladığından, ancak gözyaşlarının kokusunu aldığımda emin olabilirdim.

Okulun bahçe kapısını hızla açıp çarpınca metalin çıkardığı sesi duydum. Koşarak yanıma geldi ve diz çökerek bana sıkıca sarıldı. "Bir daha asla kaçmayacağına söz ver. Söz ver!" dedi. Burnunu saçlarımın arasında gezdiriyordu.

"Tamam, söz."

Başını biraz daha aşağı indirdi. Yüzünün yüzüme yaklaştığını hissediyordum. Gözyaşları papatya ve duman gibi kokuyordu. Bu çok güzel bir koku. Omuzlarımdan tuttu. Estella da böyle yapardı.

"Beni nasıl buldun?"

"İyi misin? Bir şeyin yok değil mi? Ağaçtan düştüğünü gördüm."

"Düşmedim, indim. Beni nasıl buldun?"

"Geçtiğin yolları öğrenip izlerini takip ettik. Komşular bahçenin arkasından çıktığını görmüş..."

"Şu gıcık olan komşular mı?"

"Evet. Aslında pek de kötü insanlar değiller. Sadece biraz çekingenler. Seni bulmamız için bize yardım ettiler."

"Sonra?"

"Sana her şeyi eve gidince anlatsam daha iyi olacak. Hava çok soğuk. Saatin kaç olduğunu biliyor musun?" Sonra biraz durdu. Sesinden gülümsediğini anlıyordum. "Büyükannen günün bu vaktini çok severdi."

İçimde tuhaf bir şey hissettim. Neden bahsettiğini biliyordum. Sanki gözlerimin içinden bir güneş çıkmış, bütün yüzümü ısıtmıştı. "Baba, büyükannemin adı Alba'ydı, değil mi?" Büyükannemin adının anlamı "Şafak vakti"ydi.

Babam başımı okşadı. "Evet, Mafalda. Adı Alba'ydı. Hadi artık eve gidelim."

"Kiraz ağacının kokusunu almaya başladıktan sonra onun yanına gidene kadar kaç adım atmam gerektiğini sayalım mı?"

Annem kapıyı açarken yeni evin anahtarlarının birbirine çarpan sesini duydum. Ottimo Turcaret kapıyı kapamadan önce dışarı süzüldü. "Ama anne, bu sayılmaz ki! Odamın penceresini açar açmaz kiraz ağacının kokusunu alıyorum zaten!"

Unutmabeni çiçekleriyle dolu sokağı geçerek okulun arkasına, organik bahçenin olduğu yere geldik. Ottimo Turcaret'in tuvaletini yapmak için yavaşça bahçeye atladığını duyunca güldüm.

"Haklısın, adımları saymanın bir anlamı olmaz. Hadi, içeri girelim."

Ilık bir esinti yanaklarımı okşadı. Aslında gizli olmayan gizli ıslığı duyunca anneme baktım.

"Anladım. Yalnız gitmek istiyorsun. Tamam, seni çıkışta bekleyeceğim."

Beni öperek uzaklaşmaya başladı. Gizlice beni izlediğini ve bunu fark etmediğimi sandığını biliyorum. Merdivenin ilk basamağına çıktım. Yukarıdan bana doğru hızlı adımların yaklaştığını fark ettim. Önümde duran kişiyi neredeyse görüyor gibiydim. Dimdik durup bacaklarını açmış, ellerini beline koymuştu.

"Hadi, elimi tut, içeri girelim."

Filippo, merdivenleri çıkarken bana yavaş bir şarkı kadar sıkıcı olduğumu söyledi. Şimdilik sadece iki kişilik olan müzik grubumuzu hatırladım. "Bugün prova yapıyoruz, değil mi?"

"Evet, saat üçte."

"Ne söyleyeceğiz? *Yellow Submarine*'i mi?"

"Hayır, yeni bir şarkı."

"Tamam. Onu da listeye yazacağım."

"Ne listesi?"

"Yeni bir liste. *Çok sevdiğim şeyler*."

"Yanında mı?"

"Evet."

"Göstersene."

Önlüğümün cebinden dörde katlanmış kâğıdı çıkarıp Filippo'ya uzattım.

"Ne biçim bir yazı bu böyle? Hiçbir şey anlamadım."

Nefesi naneli şeker kokuyordu. Çok güzel bir koku. Biraz zorlanarak da olsa listeyi okumaya başladı.

"Çok sevdiğim şeyler:

Müzik.

Ottimo Turcaret.

Hikâyeler.

Filippo ya da babamın arkasında karda kaymak ve kızağa binmek.

Filippo'nun bisikletinin arkasına binip hızlı gitmek.

Yüzüme vuran güneşi hissedip saatin kaç olduğunu tahmin etmek.

En iyi arkadaşa sahip olmak.

Çiçekler ve kokuları.

Her yıl yeni bir yere seyahat etmek.

Kiraz ağacına tırmanmak ve aşağı inmek.

Yalnız olmamak.

Birine âşık olmak.

Bir Amazon gibi güçlü olmak

En az bir kitap yazmak..."

Durdu. "Çok güzel. Teneffüste bu listeyi temize geçireceğim."

Mutluydum. O kadar mutluydum ki hâlâ okulun kapısında bekleyen anneme hoşça kal demeyi unutmuştum. O da mutluydu çünkü benim için vazgeçilmez olan şeyin en az bir tane gerçek arkadaş bulmak olduğunu biliyordu. Bence on yaşındaki kızı karanlıkta gerçek bir arkadaş bulduğunda bir annenin mutlu olmaktan başka yapacağı bir şey yoktur.

"Bir kitap yazmam için de bana yardım eder misin?"

Filippo listeyi tekrar cebime koyarak elimi tuttu. Zil çalıyordu ve içeri girmemiz gerekiyordu.

"Tabii ki. Kitaba nasıl başlayacağını düşündün mü?"

Gülümsedim. "Evet. Şöyle başlayacağım: *Bütün çocuklar karanlıktan korkar...*"

25

Sevgili Mafalda,

Bir süre önce pek de nazik olmayan bir arkadaşımın benden bir parça aldığını söylemiştim, hatırlıyor musun? Ama Estella hiçbir zaman yalan söylemez. Sadece gerçekler. Bu yüzden gerçeği bilmen gerekiyor. Aslında bahsettiğim kişi bir arkadaşım değil, kötü bir hastalıktı. Şimdi bu hastalık yeniden geldi ve benden bir parça daha almak istiyor. Belki de beni tamamen alıp götürecek. Bu yüzden hastanedeyim ve gizli ıslığımızı çalamıyorum.

Sen bu mektubu okurken büyükannen ve devle beraber kiraz ağacında yaşamaya başlamış olacağımdan ve onlarla birlikte çok eğleneceğimden eminim. İstediğin zaman bizi görmeye gelmek için yapman gereken tek şey, birkaç sene önce tanıştığımız gün sana söylediğim yere basarak ağaca tırmanmak. O gün senin listen hakkında konuşmuştuk ve ben de sana kendi listemi göstermiştim. Bir süre sonra düşünüp yeni bir listeye başladım ve benim için vazgeçilmez olan ama bir göğsüm olmadan da yapabileceğim şeyleri yazmaya başladım. Aslında, gözlerin olmadan da yapabileceğin şeylerin listesini tutmaya başlayarak bu fikri bana sen vermiştin. Bence seninki gibi bir liste tutmak daha zor. Umarım listene koyacak birçok şey bulursun çünkü sen gerçek bir Amazon'sun. Ağaca tüneyen küçük bir prenses ve Şerlokolms'ün gizli kızı. Benim listemde tek bir şey var: Gerçek bir arkadaş bulmak. Ve bu aynı zamanda benim için vazgeçilmez olan şey.

Kiraz ağacında görüşürüz Mafalda. Ve o gün gelinceye kadar, her gün onuncu yaş gününmüş gibi çok ama çok eğlen.

Transilvanya'dan tüm Amazonların kraliçesi, arkadaşın Estella.

FILIPPO, BEN VE KİRAZ AĞACI

PAOLA PERETTI

On yaşından beri görme yetisini günden güne kaybeden Mafalda, şimdi on üç yaşında ve artık tamamen karanlıkta.

Mafalda'nın karanlıkla mücadelesinde ona eşlik eden çok özel iki isim var: Kural tanımaz ama bir o kadar eğlenceli Filippo ile asla yanından ayrılmayan sadık kedisi Ottimo Turcaret. Filippo ve Ottimo Turcaret, her macerasında Mafalda'nın yanındalar.

Mafalda, Filippo ve Ottimo Turcaret ile çok iyi zaman geçirse de bir süredir işsiz olan ve depresyonla boğuşan babası ile Filippo'yla arkadaşlıklarını sınayan Debbie yüzünden kendini hiç beklemediği durumlarda buluyor. Tüm olumsuzluklara rağmen Mafalda, hayatın tadını çıkarmayı ve yeni insanlar tanıyıp yeni maceralara atılmayı ihmal etmiyor.

Evsiz hippi Elsa ile üst komşusu Nino dede, Mafalda'nın hayatına yeni renkler katıyorlar. Mafalda, bu dostluklar sayesinde yeni dünyaların kapısını aralıyor ve daha önce sormaya korktuğu soruları sorup keşfetmediği duygularıyla yüzleşiyor.

GENÇ TİMAŞ
genctimas.com genc_timas genctimas